新三板挂牌操作流程

XINSANBAN
GUAPAI CAOZUO LIUCHENG

《新三板挂牌操作流程》编委会

主　编　敬景程　李正国

副主编　李群河　何　勇　柏艳梅

编　委（以姓氏笔画为序）

何　勇　李大福　李正国　李品怀

李群河　杨仕建　杨茂琼　张　永

张德平　孟兴炜　柏艳梅　敬景程

四川大学出版社

责任编辑:李勇军
责任校对:蒋姗姗
封面设计:墨创文化
责任印制:李　平

图书在版编目(CIP)数据

新三板挂牌操作流程 / 敬景程主编. —成都：四川大学出版社，2011.5
ISBN 978-7-5614-5273-8

Ⅰ.①新… Ⅱ.①敬… Ⅲ.①证券投资-研究-中国 Ⅳ.①F832.51

中国版本图书馆 CIP 数据核字（2011）第 078849 号

书名　新三板挂牌操作流程

主　　编	敬景程　李正国
出　　版	四川大学出版社
地　　址	成都市一环路南一段 24 号（610065）
发　　行	四川大学出版社
书　　号	ISBN 978-7-5614-5273-8
印　　刷	郫县犀浦印刷厂
成品尺寸	170 mm×240 mm
印　　张	13.5
字　　数	193 千字
版　　次	2011 年 5 月第 1 版
印　　次	2011 年 5 月第 1 次印刷
印　　数	0 001～4 000 册
定　　价	38.00 元

◆读者邮购本书,请与本社发行科联系。电 话:85408408/85401670/85408023　邮政编码:610065
◆本社图书如有印装质量问题,请寄回出版社调换。
◆网址:www.scupress.com.cn

序

2006年1月23日，世纪瑞尔和中科软联袂登上“中关村科技园区非上市股份有限公司股份报价转让系统”挂牌交易，标志着新三板市场的正式启动。5年多来，已有80多家公司成功地在新三板挂牌。这些挂牌企业涵盖了电子信息、生物制药、新能源、环保、文化传媒等新兴行业。其中的佼佼者如久其软件、北陆药业和世纪瑞尔已经成功地在中小板和创业板上市。

进入2011年，中国资本市场掀起了新三板的热潮，综合媒体报道，新三板扩容呼之欲出：

2011年2月21日，《上海证券报》报道：作为2011年资本市场改革发展的重点工作之一，场外市场建设目前已进入加速推进期，试点实施方案、做市商制度指引等一系列相关规则已形成初稿，高新园区试点范围扩大引而待发，以中关村代办系统为基础的场外市场建设路径正逐步明晰。

3月9日，《上海证券报》报道：重庆力推高新企业备战新三板。

3月10日，新华网报道，新三板扩容：2000万中小企业有望实现融资梦想。

3月15日，《21世纪经济报道》消息：粤苏吉抢跑新三板，七高新园区申请试点。

……

与媒体的热情关注相呼应，资本市场也掀起了新三板概念股的热潮：张江高科春节后20个交易日内，从8.51元上涨到12.70元，最大

涨幅 49%；苏州高新从 4.70 元上涨到 9.78 元，最大涨幅 108%，远远超过了同期大盘的涨幅。

恰逢此时，由敬景程博士等人主编的《新三板挂牌操作流程》即将付梓出版。这是目前国内第一部从操作层面介绍新三板挂牌知识的专业书籍。该书最主要的特点是具有实用性。作者从公司设立开始，为企业实现在新三板挂牌的目标，进而转板上市编写了全流程操作手册，并设计了最佳路径。企业如果严格按照该书操作，就可以少走弯路，顺利地实现在新三板挂牌的目标，并正确履行挂牌企业的义务，进而实现在中小板或创业板上市的梦想。

新三板将与创业板、中小板、主板、国际板一道，构成我国多层次的资本市场体系，而新三板将成为我国资本市场的基石。目前，我国沪深主板的上市公司有 2000 多家，中小板的上市公司有 500 多家，创业板的上市公司有近 200 家，而新三板的挂牌公司不足 100 家，呈现出一种倒金字塔的格局，与成熟的资本市场格局迥异。从市场结构与发展趋势来看，新三板扩容后，挂牌公司的数量会大幅度增加，未来挂牌公司的总数会远远超过创业板、中小板和主板上市公司的总和。

纵观中国资本市场 21 年的发展历程，每一次重大的制度变革都蕴含着超乎想象的机会，新三板扩容能给我们带来哪些机会？

如果你是企业家，新三板给你提供了一个广阔的空间，只要你的企业有技术、有市场、有潜力，无论它目前是否盈利，都有在新三板挂牌的机会，长期困扰你的融资难的问题会迎刃而解。你可以利用新三板这个平台，做大做强，有一天也像久其软件、北陆药业和世纪瑞尔一样成功上市，实现你的财富梦想。

如果你是投资者，新三板又给你提供了一次淘金的机会，而这次可能是资本市场最后的盛宴；如果你错过了“老八股”的机会，又错过了股权分置改革的机会，这次你可别错过新三板的机会！你可以从已挂牌的企业和拟挂牌的企业中精心挑选未来的“久其软件”、“北陆药业”和“世纪瑞尔”。

在这个全民 PE（私募股权）的时代，新三板给你、给我、给他，给每一个怀有财富梦想的人提供了前所未有的机遇，你准备好了吗？

《新三板挂牌操作流程》是一本为企业家和投资者量身定制的专业图书。该书以我国现行的法律法规、规章规范为依据，结合新三板挂牌公司的实践经验，简明扼要地介绍了企业在新三板挂牌的操作流程。全书资料翔实，图文并茂，可作为企业家和投资者的案头必备。

该书的主要作者敬景程，10 年前在四川大学攻读博士学位的时候，我是他的博士生导师组成员；2005 年 5 月，我作为评委出席了他的博士论文答辩会。他给我的印象是一个治学严谨的人，也是一个学以致用的人，善于把握市场的热点和资本市场重大制度变革的机遇。2005 年初，他发表于《经济评论》的长篇论文《股权分置问题的制度经济学思考》，全文 12000 余字，经 2 名专家匿名评审后，一字未改全文照发，后被中国人民大学报刊复印资料《新思路》全文转载，并被多篇论文引用，对推动股权分置问题的解决发挥了积极的作用。现在他是四川大学金融学硕士生导师，同时也是一位才华横溢的金融证券执业律师，他和四川恒和信律师事务所的同仁们奉献给大家的这本《新三板挂牌操作流程》，再次让我看到了他把握资本市场热点问题的能力。

“文章合为时而著，歌诗合为事而作”。愿读者从《新三板挂牌操作流程》中受益，更期待敬景程博士和其他具有理论素养与实践经验的作者，不断推出“经世致用”的好书。

是为序。

重庆工商大学校长、四川大学经济学院教授、博士生导师

杨继瑞

2011 年 4 月

目 录

1　新三板概述

1.1　新三板的由来

新三板特指中关村科技园区非上市股份有限公司进入代办股份系统进行转让试点，因为挂牌企业均为高科技企业而不同于原转让系统内的退市企业及原STAQ、NET系统挂牌公司，该系统被形象地称为“新三板”。

1990年12月5日，全国证券交易自动报价系统（STAQ系统）正式开始运行。STAQ系统是一个基于计算机网络进行有价证券交易的综合性场外交易市场。该系统中心设在北京，连接国内证券交易比较活跃的大中城市，为会员公司提供有价证券的买卖价格信息以及结算等方面的服务，使分布在各地的证券机构能高效、安全地开展业务。

NET系统由中国证券交易系统有限公司（简称中证交）开发设计，并于1993年4月28日由当时主管金融的中国人民银行批准投入试运行。该系统中心设在北京，利用覆盖全国100多个城市的卫星数据通讯网络连接起来的计算机网络系统，为证券市场提供证券的集中交易及报价、清算、交割、登记、托管、咨询等服务。NET系统由交易系统、清算交割系统和证券商业务系统这三个子系统组成。

当时，在NET系统进行交易的只有中兴实业、东方实业、建北集团、广州电力、湛江供销、广东广建和南海发展这7只股票，市场规模较小。按有关规定，凡具备法人资格且能出具有效证明的境内企业、事

业单位以及民政部门批准成立的社会团体，均可用其依法可支配的资金，通过一个NET系统证券商的代理，参与法人股交易。全国形成了由上海、深圳两个证券交易所和STAQ、NET两个计算机网络构成的“两所两网”的证券交易市场格局。但由于多方面的原因，STAQ和NET两个交易系统日益萎缩，上市公司效益也不尽如人意。

2006年1月，中国证券业协会发布《证券公司代办股份转让系统中关村科技园区非上市股份有限公司股份报价转让试点办法》（2006年版）等规则和相关协议文本的公告。与此同时，申银万国证券股份有限公司推荐的北京世纪瑞尔技术股份有限公司、中科软科技股份有限公司股份报价转让的备案文件，获得中国证券业协会备案确认。2006年1月23日，世纪瑞尔和中科软正式挂牌，从而开辟了新三板公司挂牌的先河。

为了与退市企业及原STAQ、NET系统挂牌公司相区别，人们就将中关村科技园区非上市股份有限公司股份报价转让系统称为新三板，这就是新三板的由来。

1.2 新三板挂牌公司概况

从2006年1月23日世纪瑞尔和中科软率先在新三板挂牌开始，到最近（2011年3月3日）莱富特佰的挂牌，已有81家公司成功地在新三板挂牌。挂牌企业涵盖了电子信息、生物制药、新能源、环保、文化传媒等新兴行业。

据媒体报道[①]，5年来，新三板企业定向增资活跃，系统融资功能不断增强。2010年，共有10家挂牌企业进行了11次定向增资，融资额6.17亿元，超过前4年的融资总额；累计有20家企业进行了24次定向增资，市盈率最高达到84倍，平均市盈率为22.59倍，融资额合计11.73亿元。目前，挂牌企业中的久其软件已在中小板上市，北陆药业、世纪瑞尔已在创业板上市。挂牌企业报表数据显示，目前共有37

① 尹振茂：《新三板5年定向增资逾11亿 去年占比过半》，《证券时报》2011年2月25日。

家企业符合创业板上市财务要求，其中13家公司就发行股票并申请在创业板上市事宜召开董事会以及股东大会，有9家公司的申请已获证监会正式受理。代办系统已逐步成为非上市股份公司股权顺畅流转的平台、创投与股权私募基金的聚集中心、多层次资本市场上市资源的“孵化器”和“蓄水池”。

1.3 新三板与主板、中小板和创业板的比较

目前，在我国的资本市场上，主板、中小板和创业板上市的公司与新三板挂牌的公司相比较，从数量上看，呈现出以下格局。

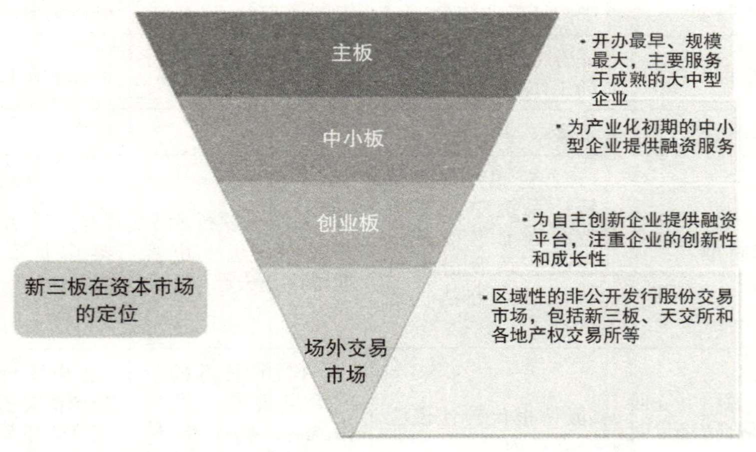

图1-1　新三板的定位与比较[①]

目前，我国沪、深主板的上市公司有2000多家，中小板上市公司有500多家，创业板上市公司有近200家，而新三板挂牌公司不足100家，呈现出一种倒金字塔式的格局，与成熟的资本市场的格局迥异。打一个比喻，主板好比是大学，中小板和创业板好比是中学，新三板好比

① 引自刘光超：《新三板的深度解读与律师实务》，载于点睛网：http://www.zfwlxt.com/NetClassRoom/manager.aspx? frame=passcourselist

是小学，在正常的情况下，应该先办好小学，其次是办好中学，然后才能办好大学，只有把中小学的基础打好了，才能办出高水平的大学。而我国在建设资本市场的过程中，由于多方面的原因，先开设主板，然后是中小板、创业板，最后才是新三板等场外交易市场，形成了目前“头重脚轻”的格局（如图1—1所示）。

新三板在监管机构、审核方式、审核标准、申报文件、投资者准入、股票交易等方面，与主板、中小板和创业板都存在众多差异（详见表1—1）。

表1—1　新三板与主板、中小板和创业板的比较

项目	新三板	创业板	主板（含中小企业板）
监管机构	中国证券业协会	中国证监会	中国证监会
审核部门	证券业协会场外市场工作委员会	证监会创业板发行监管办公室	证监会发行部
审核方式	备案	核准	核准
审核标准	《证券公司代办股份转让系统中关村科技园区非上市股份有限公司股份报价转让试点办法（暂行）》	《首次公开发行股票并在创业板上市管理暂行办法》	《首次公开发行股票并上市管理办法》
招股说明书（股份报价转让说明书）	《股份报价转让说明书必备内容》	《公开发行证券的公司信息披露内容与格式准则第28号——创业板公司招股说明书》	《公开发行证券的公司信息披露内容与格式准则第1号——招股说明书（2006年修订）》
申报文件规范	《主办券商推荐中关村科技园区非上市股份有限公司股份进入证券公司代办股份转让系统挂牌备案文件内容与格式指引》	《公开发行证券的公司信息披露内容与格式准则第29号——首次公开发行股票并在创业板上市申请文件》	《公开发行证券的公司信息披露内容与格式准则第9号——首次公开发行股票并上市申请文件（2006年修订）》
对投资者的限制	暂不对个人投资者开放	实行投资者适当性管理	无
最小交易单位	3万股	100股	100股

1.4 新三板的作用与影响

（1）对我国高新技术产业发展的作用与影响

按照目前的政策，在新三板挂牌的公司，必须是经国家或省（区、市）认定的高新技术企业。目前，已在中关村科技园区非上市股份有限公司股份报价转让系统挂牌的 81 家公司，无一例外都是经国家科技部或北京市政府认定的高新技术企业，涵盖了电子信息、生物制药、新能源、环保、文化传媒等新兴行业。

新三板的设立，为处于初创期、成长期的高新技术企业开辟了一条新的融资渠道，通过定向增资，挂牌公司可以筹集到所需资金，从而做大做强。一大批挂牌公司的成长壮大，必将推动高新技术产业的发展，为建设创新型国家发挥重要作用，新三板市场最终将会成为中国的 NASDAQ 市场。

（2）对我国资本市场建设的作用与影响

新三板的推出，不仅仅是支持高新技术产业的政策落实，或者是三板市场的另一次扩容试验，而更重要的意义在于，它为建立全国统一监管下的场外交易市场实施积极的探索，并已经取得了一定的经验。今后，以新三板为基础的全国统一监管的场外交易市场将成为我国资本市场的基础，新三板将与创业板、中小板、主板和国际板一道，成为我国多层次的资本市场体系中不可或缺的重要一环。

（3）对高新技术园区公司的作用与影响

①成为企业融资的平台

新三板的设立，使得高新技术企业的融资不再局限于银行贷款和政府补助，更多的股权投资基金将会因为有了新三板的制度保障而主动投资，从而为高新技术企业开辟了一条新的融资渠道，为缓解中小企业融资难构筑了一个新的平台。

②成为企业创新的平台

新三板的设立，为挂牌公司的创新活动提供了资金支持，通过定向增资，公司可以解决创新过程中的资金瓶颈问题，从而推动企业不断地成长壮大。

③成为企业规范运营的平台

依照新三板规则，园区公司一旦准备登录新三板，就必须在专业机构的指导下先进行股权改革，明晰公司的股权结构和高层职责。同时，新三板对挂牌公司的信息披露要求比照上市公司进行设置，很好地促进了企业的规范管理和健康发展，增强了企业的发展后劲。

（4）对投资者的作用与影响

①为价值投资提供平台

新三板的设立，使得价值投资成为可能。无论是个人还是机构投资者，投入新三板公司的资金在短期内不可能收回；即便收回，投资回报率也不会太高。因此，对新三板公司的投资更适合以价值投资，不求短期获利，而求长期回报。

②通过监管降低股权投资风险

新三板制度的确立，使得挂牌公司的股权投融资行为被纳入交易系统，同时受到主办券商的督导和证券业协会的监管，强化了挂牌公司的信息披露义务，使挂牌公司在阳光下运行，与未挂牌公司相比，投资者投资挂牌公司的风险大大降低。

③成为私募股权基金退出的新方式

股份报价转让系统的搭建，对于投资新三板挂牌公司的私募股权基金来说，成为一种资本退出的新方式，挂牌企业也因此成为私募股权基金的另一投资热点。

总而言之，以新三板为基础的全国统一监管的场外交易市场的建立，对促进我国高新技术产业的发展、完善多层次的资本市场体系，必将发挥重要作用。

2 公司设立

2.1 注册地的选择

中国证券业协会颁布的《证券公司代办股份转让系统中关村科技园区非上市股份有限公司股份报价转让试点办法（暂行）》（2009版）（以下简称《试点办法》）第九条规定："非上市公司申请股份在代办系统挂牌，须具备以下条件：

（一）存续满两年，有限责任公司按原账面净资产值折股整体变更为股份有限公司的，存续期间可以从有限责任公司成立之日起计算；

（二）主营业务突出，具有持续经营能力；

（三）公司治理结构健全，运作规范；

（四）股份发行和转让行为合法合规；

（五）取得北京市人民政府出具的非上市公司股份报价转让试点资格确认函；

（六）协会要求的其他条件。"

根据该规定，非上市公司申请股份在北京中关村代办系统挂牌，其必备条件之一：取得北京市人民政府出具的非上市公司股份报价转让试点资格确认函。

北京市政府发布的《中关村科技园区非上市股份有限公司申请股份报价转让试点资格确认办法》第二条规定："公司申请进入'代办转让系统'前，必须符合如下基本条件：

（一）注册在中关村科技园区内的高新技术企业；

（二）公司是依法设立的股份有限公司；

（三）公司成立满两年。

公司进入‘代办转让系统’还应符合《证券公司代办股份转让服务业务试点办法》和其他相关法律法规的规定。”

根据该规定，要取得北京市人民政府出具的非上市公司股份报价转让试点资格确认函，其必备条件之一：注册在中关村科技园区内的高新技术企业。

与北京市的规定相类似，深圳市政府发布的《深圳高新区非上市股份有限公司申请进入代办股份转让系统进行股份报价转让试点资格确认办法》（2009 版）第二条规定：“高新区非上市公司申请进入代办转让系统前，应同时符合下列条件：

（一）在深圳高新区内注册；

（二）国家、深圳市认定的高新技术企业；

（三）依法设立的股份有限公司；

（四）主营业务突出并具有持续经营记录；

（五）股份有限公司设立后股东转让所持有的股份行为符合相关法律法规的规定；

（六）公司股份在市政府指定的股权托管机构已进行规范登记托管。

高新区非上市公司申请进入代办转让系统还应符合国家关于非上市股份有限公司进入代办系统进行股份转让的相关规定。”

根据该规定，要取得深圳市人民政府出具的非上市公司股份报价转让试点资格确认函，其必备条件之一：在深圳高新区内注册并经国家、深圳市认定的高新技术企业。

新三板扩容后，各地对非上市公司申请进入代办转让系统的条件会有一定的差异，但是在注册地上会形成一致：必须是在当地国家级高新区（或科技园区）内注册的高新技术企业。

对于有志于将企业在新三板挂牌的创业者而言，首先必须解决公司注册地的问题，最激进的办法就是在中关村科技园区注册，因为这里是我国目前唯一进行新三板挂牌试点的高新产业园区，仅此一家，别无分店；退而求其次，就是在可能率先获得新三板扩容资格的高新产业园区注册。对于已在其他地方注册的企业而言，通往新三板挂牌之路会比较曲折：首先必须“转户口”，从异地迁入中关村科技园区，或者迁入其他可能率先获得新三板扩容资格的高新产业园区。按照目前的政策，这是必须付出的代价。

近日媒体报道[①]，关于新三板扩容的方案已经上报国务院，目前正在征求相关部委意见，预计很快会正式公布，首批扩容园区在15～20家。在扩大试点园区上，国内大多数科技园区自2006年下半年起已开始筹备辖区企业在新三板上市的有关工作，因而在准备时间上已十分充裕，成都、西安、武汉、广州、杭州、天津、苏州、无锡、浦东张江、重庆等高科技园区都在积极争取试点。根据业内人士的预测，首批试点园区可能在15～20家，入围评审办法或将主要考量两方面：一是园区经济总量；二是拟挂牌企业以及后备企业资源情况。全国部分争取进入新三板的高新产业园区简介详见表2－1。

① 侯捷宁：《新三板扩容方案已报国务院 首批园区15～20家》，《证券日报》，2011年2月18日。

表 2-1　部分争取进入新三板的高新产业园区简介①

名称	园区概况	争进新三板的努力及成果
张江高科	公司依托浦东张江高科技园区，已形成了生物医药、房产物业、通讯信息和海外投资四个投资集群。其中，以中芯国际为产业核心，由 150 余家企业组成的集成电路产业链群占据国内同行业的半壁江山；软件园批准设立企业近 900 家，成为国内规模最大的软件基地之一；生物医药机构累计达 280 个，包括跨国公司的研发中心、国家级和上海市级的研发中心、全球制药前 20 强跨国公司等。公司持有国内自主设计和加工芯片巨头中芯国际 5.1 亿股股票，成本价仅 6200 万美元，锁定期满后将获得巨大的股权投资增值收益。公司提出了“一体两翼产业互动”的新战略，即以张江高科技园区特色房产营运为主导，以高科技产业投资和专业化创新服务为两翼的产业互动跨越式发展战略。	对区内企业改制为股份公司的相关费用给予总额不超过 30 万元的一次性补贴；未上市的股份公司进入股份报价转让系统挂牌的，每家企业按实际发生费用最高补贴 50 万元；提交 IPO 申请并被中国证监会或境外证券交易所受理的企业，最高补贴 200 万元。除此之外，如果在上证所上市成功，另外补贴 100 万元；而在其他交易所上市成功，则另外补贴 20 万元。
东湖高新	公司是“武汉·中国光谷”的开发业主，从事科技园开发和生物农药产业。根据公司战略规划，公司的主营业务未来将由科技工业园开发、生物农药投资逐步转为环保电力建设及营运，新能源、资源综合利月、环保技术开发和应用等行业，重点发展可再生能源行业。公司多次被评为“武汉市工业企业五十强”、“湖北省工业企业百强”和“AAA 资信企业”。	目前已完成了所有的试点申请申报程序，并得到了中国证券业协会的高度认可。目前，武大有机硅、海创电子、科益药业、蓝星科技这 4 家申报材料已获中国证券业协会预备案受理。此外，东湖新技术创业中心等 4 家已通过券商内核。

① http：//finance. sina. com. cn/stock/focus/xsbkr/index. shtml。

续表2-1

名称	园区概况	争进新三板的努力及成果
苏州高新	公司已形成以房地产开发和基础设施经营为主体的产业布局，以水务、热电和物流等为主的基础设施经营性产业体系。公司的房地产业在苏州市场上确立了领先地位，品牌优势明显。公司已成功转型为商品住宅开发，土地储备充足，潜在盈利能力较强。目前在建项目面积约 180 万平米，土地储备约 150 万平米，预计 2007 年结算 42 万平米左右，2008 年结算 60～65 万平米，2009 年结算 70～75 万平米，土地成本相对较低。现有土地储备可以保证未来 3 年开发需求。公司与园区管委会多年合作，建立了较为密切的合作关系，未来具有持续低成本获得土地的能力。	拟挂牌企业除享受现金 135 万元的奖励外，还能享受一定的财政补贴，调动了区内企业的积极性，降低了企业的上市成本。另外，高新区还专门出台了对前五家在新三板成功备案挂牌的企业，额外奖励 50 万元现金的政策。通过对区内企业调查摸底，高新区建立了一个多层次企业上市资源库，完成了上市梯队的建设，确立了重点推进新三板挂牌的企业名单，并积极储备后备企业资源，努力做到上市工作层次推进。目前，高新区三光科技已完成了股份公司挂牌，于 2008 年 12 月将材料报送至证券业协会；路之遥科技、华芯微电子、赛华仪控正在着手股改工作，预计 2010 年上半年能够将材料报送至证券业协会。另有一批企业正在积极酝酿，与中介机构处于热线沟通之中。
成都高新	1991 年国务院批准设立的中国首批国家级高新技术产业开发区，ISO14000 国家示范区，国家科技部确定的全国首批创建“世界一流园区”六家试点单位之一，重点发展高新技术产品研发和制造，特别是以微电子技术为主导的 IT 产业（含软件）、以中医药现代化为重点的生物医药产业和以先进制造技术为特征的精密机械制造产业；现代食品；新材料；环保产业；总部经济、科技咨询、创业投资、配套金融及商业。	从 2007 年以来就一直在争取进入新三板的试点，2010 年 3 月，园区正式递交了进入新三板试点园区的申请。目前，成都高新区锁定了园区 100 家企业重点培养，针对各类企业进行了“企业股份制改造及代办股份转让系统挂牌上市”培训，以此准备新三板试点的到来；同时，对新三板成功挂牌的企业给予 100 万元的奖励。

2.2 有限责任公司的设立

2.2.1 有限责任公司设立条件

按照公司法的要求，设立有限责任公司，应当具备以下条件。

（1）股东符合法定人数

有限责任公司由 50 个以下股东出资设立。

（2）股东出资达到法定资本最低限额

有限责任公司的注册资本为在公司登记机关登记的全体股东认缴的出资额。公司全体股东的首次出资额不得低于注册资本的 20%，也不得低于法定的注册资本最低限额，其余部分由股东自公司成立之日起两年内缴足；其中，投资公司可以在五年内缴足。

有限责任公司注册资本的最低限额为人民币 3 万元。法律、行政法规对有限责任公司注册资本的最低限额有较高规定的，从其规定。

一人有限责任公司的注册资本最低限额为人民币 10 万元。股东应当一次足额缴纳公司章程规定的出资额。

（3）股东共同制定公司章程

有限责任公司章程应当载明下列事项：

A. 公司名称和住所；

B. 公司经营范围；

C. 公司注册资本；

D. 股东的姓名或者名称；

E. 股东的出资方式、出资额和出资时间；

F. 公司的机构及其产生办法、职权、议事规则；

G. 公司法定代表人；

H. 股东会会议认为需要规定的其他事项。

股东应当在公司章程上签名、盖章。

（4）有公司名称，建立符合有限责任公司要求的组织机构

有限责任公司股东会由全体股东组成，股东会是公司的权力机构。有限责任公司应设立董事会、监事会，并由董事会聘任经理。股东人数较少或者规模较小的有限责任公司，可以设一名执行董事，不设董事会。执行董事可以兼任公司经理。股东人数较少或者规模较小的有限责任公司，可以设一至二名监事，不设监事会。

监事会应当包括股东代表和适当比例的公司职工代表，其中职工代表的比例不得低于1/3，具体比例由公司章程规定。监事会中的职工代表由公司职工通过职工代表大会、职工大会或者其他形式民主选举产生。

(5) 有公司住所

这是有限责任公司设立的必要事项之一。公司住所，即指公司的主要办事机构所在地。

2.2.2 有限责任公司设立登记

目前，许多地方都建立了政务服务中心，投资者可以在政务服务中心工商局窗口办理有限责任公司设立登记。以成都市为例，其办理程序如下[①]。

(1) 项目概述

①项目名称

有限责任公司设立登记。

②办理窗口

市政务服务中心市工商局窗口。

③承诺时限

1个工作日。资料齐全、符合法定形式的可当场办结。

④收费标准及依据

按公司注册资本总额的0.08%收取；注册资本总额超过1000万元人民币，超过部分按0.04%收取；超过一亿元人民币的，超过部分不再收费（每个副本收费10元）。收费依据为国家计委、财政部计价格〔1999〕1707号；国家物价局、财政部、工商局价费字〔1992〕414号。

(2) 办理程序

第一步：申请人持相关材料向市政务服务中心工商局窗口提出申

① 成都市工商局网站，http：//www.cdgs.gov.cn。

请，经受理审查员初审通过，开具《受理通知书》或者《申请材料接收单》；不符合受理条件的，在当场或者5个工作日内一次性告知申请人应当补正的全部材料（出具告知单）。

第二步：对申请人申请材料齐全、符合法定形式的，当场作出是否准予登记的决定并出具《登记决定通知书》；需要对申请材料的实质内容进行核实的，出具《企业登记材料需要核实事项告知书》，在10个工作日内作出核准或者驳回申请的决定。

第三步：在1个工作日后（申请材料的实质内容需核实的除外），申请人可以凭《登记决定通知书》到发照窗口领取《企业法人营业执照》。

（3）申请材料

A. 公司法定代表人签署的《公司设立登记申请书》。

B. 全体股东签署的《指定代表或者共同委托代理人的证明》及指定代表或委托代理人的身份证件复印件；应标明指定代表或者共同委托代理人的办理事项、权限、授权期限。

C. 全体股东签署的公司章程。

D. 股东的主体资格证明或者自然人身份证件复印件。

股东为企业的，提交营业执照副本复印件；股东为事业法人的，提交事业法人登记证书复印件；股东为社团法人的，提交社团法人登记证复印件；股东为民办非企业单位的，提交民办非企业单位证书复印件；股东为自然人的，提交身份证件复印件；其他股东提交有关法律法规规定的资格证明。

E. 依法设立的验资机构出具的验资证明。

F. 股东首次出资是非货币财产的，提交已办理财产权转移手续的证明文件。

G. 董事、监事和经理的任职文件及身份证件复印件。

依据《公司法》和公司章程的有关规定，提交股东会决议、董事会决议或其他相关材料。股东会决议由股东签署，董事会决议由董事签字。

H. 法定代表人任职文件及身份证件复印件。

根据《公司法》和公司章程的有关规定，提交股东会决议、董事会决议或其他相关材料。股东会决议由股东签署，董事会决议由董事签字。

I. 住所使用证明。

自有房产提交房屋产权证复印件；租赁房屋提交租赁协议复印件以及出租方的房屋产权证复印件。有关房屋未取得房屋产权证的，属城镇房屋的，提交房地产管理部门的证明或者竣工验收证明、购房合同及房屋销售许可证复印件；属非城镇房屋的，提交当地政府规定的相关证明。出租方为宾馆、饭店的，提交宾馆、饭店的营业执照复印件。使用军队房产作为住所的，提交《军队房地产租赁许可证》复印件。

将住宅改变为经营性用房的，属城镇房屋的，根据《成都市物业管理条例》第四十八条规定：业主、使用人应当按照规划行政主管部门批准或者不动产登记簿载明的用途使用住宅，不得擅自改变其使用性质；确需改变的，除遵守法律、法规以及管理规约外，应当经有利害关系的业主同意，并依法经规划、国土、卫生、环保、消防等行政主管部门审批。属非城镇房屋的，提交当地政府规定的相关证明。

J.《企业名称预先核准通知书》。

K. 以股权出资的，提交股权出资认缴承诺书。

L. 法律、行政法规和国务院决定规定设立有限责任公司必须报经批准的，提交有关的批准文件或者许可证书复印件。

M. 公司申请登记的经营范围中有法律、行政法规和国务院决定规定必须在登记前报经批准的项目，提交有关的批准文件或者许可证书复印件或许可证明。

附录　有限责任公司章程

________________有限责任公司章程

（公司章程由投资人制定。本设董事会的参考格式，仅供参考）

第一章　总 则

第一条　公司宗旨：通过有限责任公司组织形式，由股东共同出资，筹集资本金，建立新的经营机制，为振兴经济作出贡献。依照《中华人民共和国公司法》和《中华人民共和国公司登记管理条例》的规定，制定本公司章程。

第二条　公司名称：________________有限责任公司（以下简称公司）。

第三条　公司住所：________________________。

第四条　公司由__________个股东共同出资设立。股东以其认缴出资额为限对公司承担责任；公司以其全部资产对公司的债务承担责任。公司享有由股东投资形成的全部法人财产权，依法享有民事权利，承担民事责任，具有企业法人资格。

第五条　经营范围：

营业期限：　　　　　　　　　　　。

第六条　公司营业执照签发之日，为本公司成立之日。

第二章　注册资本、认缴出资额、实缴出资额

第七条　公司注册资本为________万元人民币，公司实收资本为________万元人民币。公司注册资本为在公司登记机关依法登记的全体股东认缴的出资额，实收资本为全体股东实际交付并经公司登记机关依法登记的出资额。

第八条　股东名称、认缴出资额、实缴出资额、出资方式、出资时

间一览表。

<table>
<tr><td rowspan="3">股东名称（姓名）</td><td colspan="4">认缴情况</td><td colspan="4">实缴情况</td></tr>
<tr><td rowspan="2">认缴出资额</td><td colspan="2">出资方式</td><td rowspan="2">认缴期限</td><td rowspan="2">实缴出资额</td><td colspan="2">出资方式</td><td rowspan="2">出资时间</td></tr>
<tr><td></td><td></td><td></td><td></td></tr>
<tr><td></td><td></td><td></td><td></td><td></td><td></td><td></td><td></td><td></td></tr>
<tr><td></td><td></td><td></td><td></td><td></td><td></td><td></td><td></td><td></td></tr>
</table>

（注：出资方式及出资额应写明：货币、实物、知识产权、土地使用权等及其相应的金额）

第九条　各股东认缴、实缴的公司注册资本应在申请公司登记前，委托会计师事务所进行验证。

第十条　公司登记注册后，应向股东签发出资证明书。出资证明书应载明公司名称、公司成立日期、公司注册资本、股东的姓名或者名称、缴纳的出资额和出资日期、出资证明书的编号和核发日期。出资证明书由公司盖章。出资证明书一式两份，股东和公司各持一份。

出资证明书遗失，应立即向公司申报注销，经公司董事会审核同意予以补发。

第十一条　公司应设置股东名册，记载股东的姓名、住所、出资额及出资证明书编号。

第三章　股东的权利、义务和转让出资的条件

第十二条　股东作为出资者按投入公司的资本额，享有资产受益、重大决策和选择管理者等权利，并承担相应的义务。

第十三条　股东的权利：

一、出席股东会，并根据其出资额享有表决权。

二、股东有权查阅股东会会议记录和公司财务会计报告。

三、选举和被选举为董事会成员、监事会成员。

四、股东按出资比例分取红利。公司新增资本时，股东可按出资比例优先认缴出资。

五、优先购买其他股东转让的出资。

六、查阅、复制公司章程、股东会议记录、董事会决议、监事会决议和财务报告。

七、公司终止后，依法分取公司的剩余财产。

（注：可根据公司的具体情况自行补充条款，但不得与《中华人民共和国公司法》相冲突。对于股东是否按照出资比例分取红利，以及公司增资时，股东是否按照出资比例优先认缴出资，公司可在章程中自行规定）

第十四条　股东义务：

一、按期足额缴纳所认缴的出资；

二、依其所认缴的出资额承担公司债务；

三、公司办理工商登记注册后，不得抽回出资，违者应赔偿其他股东因此而遭受的损失；

四、遵守公司章程规定的各项条款。

（注：可根据公司的具体情况，自行补充条款，但不得与《中华人民共和国公司法》相冲突）

第十五条　转让出资的条件：

一、股东之间可以相互转让其全部出资或者部分出资。

二、股东向股东以外的人转让股权的，必须经其他股东过半数同意。股东应就其股权转让事项书面通知其他股东征求同意，其他股东自接到书面通知之日起满三十日未答复的，视为同意转让。其他股东半数以上不同意的，不同意转让的股东应当购买该转让的股权；不购买的，视为同意转让。

三、经股东同意转让的股权，在同等条件下，其他股东对该出资有优先购买权。两个以上股东主张行使优先购买权的，协商确定各自的购买比例；协商不成的，按照转让时各自的出资比例行使优先购买权。

四、股东依法转让其出资后，由公司将受让人的姓名或者名称、住所以及受让的出资额记载于股东名册。

第四章　公司的机构及高级管理人员的资格和义务

第十六条　为保障公司生产经营活动的顺利、正常开展，公司设立股东会、董事会和监事会，负责全公司生产经营活动的预测、决策和组织领导、协调、监督等工作。

第十七条　本公司设总经理、业务部、财务部等具体办理机构，分别负责处理公司在开展生产经营活动中的各项日常具体事务。

第十八条　董事、监事、经理应遵守公司章程、《中华人民共和国公司法》和国家其他有关法规的规定。

第十九条　公司研究决定有关职工工资、福利、安全生产以及劳动保护、劳动保险等涉及职工切身利益的问题，应当事先听取公司工会和职工的意见，并邀请工会或者职工代表列席有关会议。

第二十条　公司研究决定生产经营的重大问题、制定重要的规章制度时，应当听取公司工会和职工的意见与建议。

第二十一条　有下列情形之一的人员，不得担任公司董事、监事、经理：

（一）无民事行为能力或者限制民事行为能力者；

（二）因犯有贪污、贿赂、侵占财产、挪用财产罪或者破坏社会经济秩序罪；被判处刑罚，执行期满未逾五年，或者因犯罪被剥夺政治权利，执行期满未逾五年者；

（三）担任因经营不善破产清算公司（企业）的董事或者厂长、经理，并对该公司（企业）破产负有个人责任的，自该公司（企业）破产清算完结之日起未逾三年者；

（四）担任因违法被吊销营业执照的公司（企业）的法定代表人，并负有个人责任的，自该公司（企业）被吊销营业执照之日起未逾三年者；

（五）个人所负数额较大的债务到期未清者。

公司违反前款规定选举董事、监事或者聘任经理的，该选举或者聘任无效。

第二十二条　国家公务员不得兼任公司的董事、监事、经理。

第二十三条　董事、监事、经理应当遵守公司章程，忠实履行职责，维护公司利益，不得利用在公司的地位和职权为自己谋取私利。董事、监事、经理不得利用职权收受贿赂或者其他非法收入，不得侵占公司的财产。

第二十四条　董事、经理不得挪用公司资金或者将公司资金借给任何与公司业务无关的单位和个人。

董事、经理不得将公司的资金以其个人名义或者以其他个人名义开立账户存储，亦不得将公司的闭产资金以个人名义向外单位投资。

董事、经理不得以公司资产为本公司的股东或者其他个人债务提供担保。

第二十五条　董事、经理不得自营或者为他人经营与其所任职公司相同或相近的项目，或者从事损害本公司利益的活动。从事上述营业或者活动的，所得收入应当归公司所有。

第五章　股东会

第二十六条　公司设股东会，公司股东会由全体股东组成，为公司的最高权力机构。股东会会议，由股东按照出资比例行使表决权（注：**可不按出资比例行使表决权，但必须在章程中明确规定**）。出席股东会的股东必须超过全体拥有表决权的股东的半数以上方能召开。首次股东会由出资最多的股东主持，以后股东会由董事会召集、董事长主持。

第二十七条　股东会行使以下职权：

1. 决定公司的经营方针和投资计划；

2. 选举和更换非由职工代表担任的董事、监事，决定有关董事、监事的报酬事项；

3. 审议批准董事会的报告，监事会或监事的报告；

4. 审议批准公司年度财务预算方案、决算方案和利润分配方案、弥补亏损方案；

5. 对公司增加或减少注册资本作出决议；

6. 对公司的合并、分立、解散、清算或者变更公司形式作出决议；

7. 对发行公司债券作出决议；

8. 修改公司章程。

股东会分定期会议和临时会议。股东会每半年定期召开，由董事会召集，董事长主持。董事长不能履行或者不履行主持股东会会议职责的，由副董事长主持；副董事长不能或者不履行主持股东会议职责的，由半数以上董事共同推举一名董事主持。

董事会不能履行召集股东会会议职责的，由监事会（不设监事会的由监事）召集和主持；监事会或者监事不召集和主持的，代表十分之一以上表决权的股东可以自行召集和主持。召开股东会会议，应于会议召开十五日前通知全体股东（注：具体通知时间可由公司章程自定）。

（一）股东会议应对所议事项作出决议。对于修改公司章程、增加或减少注册资本，分立、合并、解散或变更公司形式等事项作出的决议，必须经代表三分之二以上表决权的股东同意通过；

（二）股东会应对所议事项做成会议记录，出席会议的股东应在会议记录上签名，会议记录作为公司档案材料长期保存；

（三）对前款所列事项股东以书面形式一致表示同意的，可以不召开股东会会议，直接作出决议，并由全体股东在决议文件上签名、盖章。

第六章　董事会、经理、监事会

第二十八条　本公司设董事会，董事会是公司的执行机构。公司董事会由________名（注：三至十三名之内）董事组成。其中，股东董事由股东会代表公司股权过半数股东同意选举产生，共______名，职工董事由职工代表大会、职代会或者其他民主形式民主选举，共______名。（注：两个以上的国有企业或者两个以上的其他国有投资主体投资设立的有限公司，其董事会成员中应当有公司职工代表；其他有限公司董事会成员中可以有公司职工代表。）

第二十九条　董事长为公司法定代表人。董事长由公司三分之二以

上的董事选举产生。（注：法定代表人可由经理担任，须由公司章程规定；董事长的产生程序也可由公司自定）

第三十条　董事会对股东会负责，行使以下权利：

一、负责召集股东会，并向股东会报告工作；

二、执行股东会的决议；

三、决定公司的经营计划和投资方案；

四、制订公司年度财务预、决算方案；

五、制订公司的利润分配方案和弥补亏损方案；

六、制订公司增加或减少注册资本，合并、分立、解散、变更公司形式的方案；

七、决定公司内部管理机构的设置；

八、决定聘任或者解聘公司经理及其报酬事项，并根据经理的提名，决定聘任或者解聘公司副经理、财务负责人及其报酬事项；

九、制定公司的基本管理制度；

十、公司章程规定的其他职权。

第三十一条　董事任期为三年（注：董事任期由公司章程规定，但每届任期不得超过三年），可以连选连任。

董事会会议由董事长召集和主持，董事长因特殊原因不能履行职务或不履行职务时，由副董事长召集和主持；副董事长不能履行职务或不履行职务的，由半数以上董事共同推举一名董事召集和主持。

召开董事会会议，应当于会议召开十日以前通知全体董事。三分之一以上董事可以提议召开董事会会议。董事会会议决议，实行一人一票。

董事会对所议事项的决定作成会议记录，出席会议的董事应在会议记录上签名。

（注：除《中华人民共和国公司法》规定以外的董事会议事方式、表决程序可由公司自定）

第三十二条　公司经理由董事会聘任或者解聘。经理对董事会负责，负责公司日常经营管理工作，行使以下职权：

一、主持公司的生产经营管理工作，组织实施董事会决议；

二、组织实施公司年度经营计划和投资方案；

三、拟订公司内部管理机构设置的方案；

四、拟订公司基本管理制度；

五、制定公司的具体规章；

六、提请聘任或者解聘公司副经理、财务负责人；

七、决定聘任或者解聘除应由董事会聘任或者解聘以外的负责管理人员；

八、董事会授予的其他职权。

经理列席董事会议。

（注：还可根据公司的具体情况，自行补充条款，但不得与《中华人民共和国公司法》相冲突）

第三十三条　董事、监事、公司经理应遵守公司章程和《中华人民共和国公司法》的有关规定。

第三十四条　公司设立监事会，是公司的监督机构。其成员由股东会代表公司二分之一以上表决权的股东选举产生，公司监事会由____名监事组成，其中股东代表____名，公司职工代表____名。（注：股东人数较少或公司规模较小的，可设一至二名监事；监事产生程序由公司自定。监事会成员不得少于三人，其中职工代表所占比例由公司自定，但不得低于三分之一）

监事会主席由公司监事过半数选举产生。监事任期为每届三年，届满可连选连任。

监事任期届满未及时改选，或者监事在任期内辞职导致监事会成员低于法定人数的，在改选出的监事就任前，原监事仍应当依照法律、行政法规和公司章程的规定，履行监事职务。

监事可以列席董事会议，并对董事会决议事项提出质询或者建议。

监事会每年度至少召开一次会议，监事可以提议召开临时监事会会议。监事会决议应当经全体监事半数以上通过。监事会应当对所议事项的决定作成会议记录，出席会议的监事应当在会议记录上签名。

（注：在不违背《中华人民共和国公司法》有关规定的情况下，监事会的议事方式和表决程序可由公司自定）

监事会的职权：

（一）检查公司财务；

（二）对董事、高级管理人员执行公司职务的行为进行监督，对违反法律、行政法规、公司章程或者股东会决议的董事、高级管理人员提出罢免的建议；

（三）当董事和经理的行为损害公司的利益时，要求董事和经理予以纠正；在董事不履行本法规定的召集和主持股东会会议职责时召集和主持股东会会议；

（四）向股东会会议提出提案；

（五）依照《中华人民共和国公司法》第一百五十二条的规定，对董事、高级管理人员提起诉讼；

（六）公司章程规定的其他职权。

第七章　财务、会计

第三十五条　公司依照法律、行政法规和国家财政行政主管部门的规定建立本公司的财务、会计制度。

第三十六条　公司在每一会计制度终了时制作财务会计报表，按国家和有关部门的规定进行审计并出具审计报告，送交各股东审查。

第三十七条　公司分配每年税后利润时，提取利润的百分之十列入法定公积金，公司法定公积金累计额超过公司注册资本百分之五十时可不再提取。公司的公积金用于弥补以前年度公司的亏损、扩大公司生产经营或者转为增加公司资本。但是，资本公积金不得用于弥补公司的亏损。

第三十八条　公司弥补亏损和提取公积金后所余税后利润，按照股东出资比例进行分配（注：公司规定不按出资比例分配的，须明确规定）。

第三十九条　法定公积金转为资本时，所留存的该项公积金不得少于转增前公司注册资本的百分之二十五。

公司除法定会计账册外，不得另立会计账册。

会计账册、报表及各种凭证应按财政部有关规定装订成册归档，作为重要的档案资料妥善保管。

第八章　合并、分立和变更注册资本

第四十条　公司合并或者分立，由公司的股东会作出决议；按《中华人民共和国公司法》的要求签订协议，清算资产、编制资产负债及财产清单，通知债权人并公告，依法办理有关手续。

第四十一条　公司合并、分立、减少注册资本时，应编制资产负债表及财产清单。公司应当自作出合并或者分立决议之日起10内通知债权人，并于30日内在报纸上公告。债权人自接到通知书之日起30日内，未接到通知书的自公告之日起45日内，有权要求公司清偿债务或提供相应担保。公司分立前的债权债务由分立后的公司承担连带责任。

第四十二条　公司合并或者分立、登记事项发生变更的，应当依法向公司登记机关办理变更登记；公司解散的，应当依法办理公司注销登记；设立新公司的，应当依法办理公司设立登记。

公司增加或减少注册资本，应当依法向公司登记机关办理变更登记。

第九章　破产、解散、终止和清算

第四十三条　公司因《中华人民共和国公司法》第一百八十一条所列（1）（2）（4）（5）项规定而解散时，应当在解散事由出现之日起15日内成立清算组，开始清算。逾期不成立清算组进行清算的，债权人可以申请人民法院指定有关人员组成清算组进行清算。

公司清算组应当自成立之日起10日内通告债权人，并于60日内在报纸上公告。债权人应当自接到通知书之日起30日内，未接到通知书的自公告之日45日内，向清算组申报债权。

公司在分别支付清算费用、职工的工资、社会保险费用和法定补偿

金，交纳所欠税款，清偿公司债务后的剩余资产，有限责任公司按照股东的出资比例分配，股份有限公司按照股东持有的股份比例分配。

公司清算结束后，公司应当依法向公司登记机关申请注销公司登记。

第十章　工会

第四十四条　公司按照国家有关法律和《中华人民共和国工会法》设立工会。工会独立自主地开展工作，公司应支持工会的工作。公司劳动用工制度严格按照《劳动法》执行。

第十一章　附则

第四十五条　公司章程的解释权属公司股东会。

第四十六条　公司章程经全体股东签字盖章生效。

第四十七条　经股东会提议公司可以修改章程，修改章程须经股东会代表公司三分之二以上表决权的股东通过（注：可自定，但至少在三分之二以上）后，由公司法定代表人签署并报公司登记机关备案。

第四十八条　公司章程与国家法律、行政法规、国务院决定等有抵触或未尽事宜，以国家法律、行政法规、国务院决定等为准。

法人股东盖章

自然人股东签名

年　　月　　日

2.3　股份有限公司的设立

2.3.1　股份有限公司设立条件

按照《中华人民共和国公司法》的要求，设立股份有限公司，应当具备以下条件。

(1) 发起人符合法定人数

设立股份有限公司，应当有 2 人以上 200 人以下为发起人，其中须有半数以上的发起人在中国境内有住所。股份有限公司发起人承担公司筹办事务。发起人应当签订发起人协议，明确各自在公司设立过程中的权利和义务。

(2) 发起人认购和募集的股本达到法定资本最低限额

股份有限公司采取发起设立方式设立的，注册资本为在公司登记机关登记的全体发起人认购的股本总额。公司全体发起人的首次出资额不得低于注册资本的 20%，其余部分由发起人自公司成立之日起两年内缴足；其中，投资公司可以在五年内缴足。在缴足前，不得向他人募集股份。

股份有限公司采取募集方式设立的，注册资本为在公司登记机关登记的实收股本总额。

股份有限公司注册资本的最低限额为人民币 500 万元。法律、行政法规对股份有限公司注册资本的最低限额有较高规定的，从其规定。

(3) 股份发行、筹办事项符合法律规定

股份发行是股份有限公司特有的法律行为，发行股份应当符合法律规定。

(4) 发起人制订公司章程，采用募集方式设立的经创立大会通过

股份有限公司章程应当载明下列事项：

A. 公司名称和住所；

B. 公司经营范围；

C. 公司设立方式；

D. 公司股份总数、每股金额和注册资本；

E. 发起人的姓名或者名称、认购的股份数、出资方式和出资时间；

F. 董事会的组成、职权和议事规则；

G. 公司法定代表人；

H. 监事会的组成、职权和议事规则；

I. 公司利润分配办法；

J. 公司的解散事由与清算办法；

K. 公司的通知和公告办法；

L. 股东大会会议认为需要规定的其他事项。

（5）有公司名称，建立符合股份有限公司要求的组织机构

股份有限公司股东大会由全体股东组成，股东大会是公司的权力机构。股份有限公司应建立董事会、监事会，并由董事会聘任经理。监事会应当包括股东代表和适当比例的公司职工代表，其中职工代表的比例不得低于1/3，具体比例由公司章程规定。监事会中的职工代表由公司职工通过职工代表大会、职工大会或者其他形式民主选举产生。

（6）有公司住所

公司住所，指股份有限公司的主要办事机构所在地。

2.3.2 股份有限公司设立登记

以成都市为例，股份有限公司设立登记程序如下[①]。

（1）项目概述

①项目名称

股份有限公司设立登记。

②办理窗口

市政务服务中心市工商局窗口。

③承诺时限

1个工作日。资料齐全、符合法定形式的可当场办结。

④收费标准及依据

收费按注册资本总额的0.08%收取；注册资本总额超过1000万元人民币的，按超过部分的0.04%收取；超过1亿元人民币的，超过部

① 成都市工商局网站（http://www.cdgs.gov.cn）。

分不再收取（每个副本收费10元）。收费依据为国家计委、财政部计价格〔1999〕1707号、国家物价局、财政部、工商局价费字〔1992〕414号。

（2）办理程序

第一步：申请人持相关材料向市政务服务中心工商局窗口提出申请，经受理审查员初审通过，开具《受理通知书》或者《申请材料接收单》；不符合受理条件的，在当场或者5个工作日内一次性告知申请人应当补正的全部材料（出具告知单）。

第二步：对申请人申请材料齐全、符合法定形式的，当场作出是否准予登记的决定并出具《登记决定通知书》；需要对申请材料的实质内容进行核实的，出具《企业登记材料需要核实事项告知书》，在10个工作日内作出核准或者驳回申请的决定。

第三步：在1个工作日后（申请材料的实质内容需核实的除外），申请人可以凭《登记决定通知书》到发照窗口领取《企业法人营业执照》。

（3）申请材料

A. 公司法定代表人签署的《公司设立登记申请书》。

B. 董事会签署的《指定代表或者共同委托代理人的证明》（由全体董事签字）及指定代表或委托代理人的身份证件复印件；应标明指定代表或者共同委托代理人的办理事项、权限、授权期限。

C. 由发起人签署或由会议主持人和出席会议的董事签字的股东大会或者创立大会会议记录（募集设立的提交）

D. 全体发起人签署或者全体董事签字的公司章程。

E. 发起人的主体资格证明或者自然人身份证件复印件。发起人为企业的，提交营业执照副本复印件；发起人为事业法人的，提交事业法人登记证书复印件；发起人股东为社团法人的，提交社团法人登记证复印件；发起人为民办非企业单位的，提交民办非企业单位证书复印件；发起人为自然人的，提交身份证件复印件；其他发起人提交有关法律法规规定的资格证明。

F. 依法设立的验资机构出具的验资证明。

G. 发起人首次出资是非货币财产的，提交已办理财产权转移手续的证明文件。

H. 以股权出资的，提交《股权认缴出资承诺书》。

I. 董事、监事和经理的任职文件及身份证件复印件。依据《中华人民共和国公司法》和公司章程的规定与程序，提交由发起人签署或由会议主持人和出席会议的董事签署的股东大会决议（募集设立的提交创立大会的会议记录）、董事会决议或其他相关材料。股东大会决议（创立大会会议记录）可以与第C项合并提交；董事会决议由董事签字。

J. 法定代表人任职文件及身份证件复印件。

依据《中华人民共和国公司法》和公司章程的规定与程序，任职文件提交董事会决议，董事会决议由董事签字。

K. 住所使用证明。自有房产提交房屋产权证复印件；租赁房屋提交租赁协议复印件以及出租方的房屋产权证复印件。有关房屋未取得房屋产权证的，属城镇房屋的，提交房地产管理部门的证明或者竣工验收证明、购房合同及房屋销售许可证复印件；属非城镇房屋的，提交当地政府规定的相关证明。出租方为宾馆、饭店的，提交宾馆、饭店的营业执照复印件。使用军队房产作为住所的，提交《军队房地产租赁许可证》复印件。

将住宅改变为经营性用房的，属城镇房屋的，根据《成都市物业管理条例》第四十八条规定：业主、使用人应当按照规划行政主管部门批准或者不动产登记簿载明的用途使用住宅，不得擅自改变其使用性质；确需改变的，除遵守法律、法规以及管理规约外，应当经有利害关系的业主同意，并依法经规划、国土、卫生、环保、消防等行政主管部门审批。属非城镇房屋的，提交当地政府规定的相关证明。

L.《企业名称预先核准通知书》。

M. 募集设立的股份有限公司公开发行股票的，还应提交国务院证券监督管理机构的核准文件。

N. 公司申请登记的经营范围中有法律、行政法规和国务院决定规定必须在登记前报经批准的项目，提交有关的批准文件或者许可证书复印件或许可证明。

O. 法律、行政法规和国务院决定规定设立股份有限公司必须报经批准的，提交有关的批准文件或者许可证书复印件。

3　股份制改造

3.1　股份制改造的目的

北京市政府发布的《中关村科技园区非上市股份有限公司申请股份报价转让试点资格确认办法》第二条规定："公司申请进入'代办转让系统'前，必须符合如下基本条件：

（一）注册在中关村科技园区内的高新技术企业；

（二）公司是依法设立的股份有限公司；

（三）公司成立满两年。

公司进入'代办转让系统'还应符合《证券公司代办股份转让服务业务试点办法》和其他相关法律法规的规定。"

根据该规定，要取得北京市人民政府出具的非上市公司股份报价转让试点资格确认函，其必备条件之一：公司必须是依法设立的股份有限公司。

与北京市的规定相类似，深圳市政府发布的《深圳高新区非上市股份有限公司申请进入代办股份转让系统进行股份报价转让试点资格确认办法》（2009 版）第二条规定："高新区非上市公司申请进入代办转让系统前，应同时符合下列条件：

（一）在深圳高新区内注册；

（二）国家、深圳市认定的高新技术企业；

（三）依法设立的股份有限公司；

（四）主营业务突出并具有持续经营记录；

（五）股份有限公司设立后股东转让所持有的股份行为符合相关法律法规的规定；

（六）公司股份在市政府指定的股权托管机构已进行规范登记托管。

高新区非上市公司申请进入代办转让系统还应符合国家关于非上市股份有限公司进入代办系统进行股份转让的相关规定。”

根据该规定，要取得深圳市人民政府出具的非上市公司股份报价转让试点资格确认函，其必备条件之一：公司必须是依法设立的股份有限公司。

中国证券业协会颁布的《试点办法》（2009 版）第九条规定：

“非上市公司申请股份在代办系统挂牌，须具备以下条件：

（一）存续满两年。有限责任公司按原账面净资产值折股整体变更为股份有限公司的，存续期间可以从有限责任公司成立之日起计算。

（二）主营业务突出，具有持续经营能力。

（三）公司治理结构健全，运作规范。

（四）股份发行和转让行为合法合规。

（五）取得北京市人民政府出具的非上市公司股份报价转让试点资格确认函。

（六）协会要求的其他条件。”

根据该规定，非上市公司申请股份在北京中关村代办系统挂牌，其必备条件之一：公司必须是存续满两年的股份有限公司。

根据现行的法律法规、规章规范的要求，要上新三板挂牌，公司必须是股份有限公司，否则，就不具备在新三板挂牌的主体资格。因此，对于还不具有股份有限公司身份的企业而言，要想上新三板挂牌，必须通过股份制改造，转变为股份有限公司。

由于许多企业在创业之初，资金少，人员少，企业规模小，未达到股份有限公司的设立条件，其中大多数企业采用了有限责任公司的组织形式，还有一些企业采用了独资、合伙、股份合作等形式。对于这些企业而言，适时进行股份制改造，是它们在通往新三板之路上必须实现的

跨越。

3.2 股份制改造的流程

这里主要介绍有限责任公司改制为股份有限公司，或者国有企业改制为股份有限公司的一般流程。对于独资企业、合伙企业、股份合作企业、集体企业等非公司制企业而言，一般宜先改制为有限责任公司，然后再适时进行股份制改造，改制为股份有限公司。

有限责任公司改制为股份有限公司，或者国有企业改制为股份有限公司的一般流程如下：

A. 有限责任公司通过有关改制的股东会决议，设立公司改制机构。国有企业经过上级主管部门批准，决定进行股份制改造，成立企业改制筹备小组。

B. 选择发起人。

C. 聘请中介机构。

D. 审计和资产评估。

E. 国有资产评估的核准与备案（若涉及国有资产评估）。

F. 制作改制文件。

G. 办理国有股权管理审核批复事宜（若涉及国有股权）。

H. 注资和验资。

I. 召开创立大会。

J. 办理工商登记或变更登记。

3.3 有限责任公司发起设立股份有限公司

有限责任公司发起设立股份有限公司，是指有限责任公司作为主发起人，与其他发起人共同发起设立股份有限公司，股份有限公司成立后，有限责任公司成为其股东之一。这种形式的股份制改造，实质上属于新设立股份有限公司，其存续时间和业绩只能从股份有限公司设立之日起计算。按照现行规范的要求，该股份有限公司要申请在新三板挂牌，至少应在其设立满两年之后。由于有这个时间障碍，在实际操作中，大多数新三板公司，或者创业板、中小板公司在争取挂牌或上市的过程中，采用了有限责任公司整体变更为股份有限公司的改制形式，因为用这种方式改制，公司的存续时间和业绩可以从有限责任公司成立之日起连续计算。

有限责任公司发起设立股份有限公司遵循股份制改造的一般流程，这里不再赘述。

3.4 有限责任公司整体变更为股份有限公司

有限责任公司整体变更为股份有限公司，是指有限责任公司的全体股东作为发起人，以有限责任公司原账面净资产值折股，整体变更为股份有限公司。这种形式的股份制改造，只是变更了有限责任公司的组织形式，其实质内容包括股东、资产等仍然存续。如前所述，因为用这种方式改制，公司的存续时间和业绩可以从有限责任公司成立之日起连续计算，所以在实践中，成为新三板公司或者创业板、中小板公司常用的改制方式。下面对其予以详细介绍。

有限责任公司整体变更为股份有限公司，一般遵循以下流程。

（1）董事会或执行董事制订变更公司形式的方案，提交股东会审议

改制方案一般包括以下内容：

①原公司基本情况

包括注册资本、生产经营状况、财务状况、股本结构等内容。

②股份制改造的具体方案

包括投入股份公司的资产明细、资产折股方案、股东认股方案、业务重组方案、知识产权处置方案、股份特殊安排方案（期权、员工持股、类别设置）等内容。

③（拟设立）股份公司的基本情况

包括注册资本、股本结构等内容。

(2)有限责任公司通过有关改制的股东会决议，设立公司改制机构

按照《中华人民共和国公司法》的要求，有限责任公司设立董事会的，股东会会议由董事会召集，董事长主持；有限责任公司不设董事会的，股东会会议由执行董事召集和主持。召开股东会会议，应当于会议召开十五日前通知全体股东；但是，公司章程另有规定或者全体股东另有约定的除外。股东会应当对所议事项的决定作成会议记录，出席会议的股东应当在会议记录上签名。

股东会会议由股东按照出资比例行使表决权；但是，公司章程另有规定的除外。变更公司形式的决议，必须经代表2/3以上表决权的股东通过。

股东会决议通过改制方案后，还应设立改制机构，授权其办理公司改制相关事宜。

(3)全体股东作为发起人，签订发起人协议

发起人协议包括以下内容：

A. 各发起人的基本情况。

B. 拟设立公司的名称、住所。

C. 拟设立公司的经营范围。

D. 股本总额。

E. 各发起人认购的份额。

F. 各发起人的权利与义务。

G. 公司筹办事项。

H. 违约责任。

I. 协议的修改与终止。

(4)聘请中介机构

对于以上新三板挂牌为直接目的而进行股份制改造的公司来说，应聘请已取得中国证券业协会授予代办系统主办券商业务资格的证券公司作为主办券商，对其改制与挂牌前的相关事宜进行辅导；同时，应聘请律师事务所、会计师事务所、资产评估机构提供相关专业服务，公司应

与这些中介机构分别签订服务协议，明确各自的权利与义务。

（5）审计和资产评估

由注册会计师对公司财务状况出具审计报告，由注册资产评估师对公司非货币资产出具资产评估报告。

（6）国有资产评估的核准与备案（若涉及国有资产评估）

根据《国务院办公厅转发财政部关于改革国有资产评估行政管理方式 加强资产评估监督管理工作意见的通知》（国办发〔2001〕102号）的精神，取消政府部门对国有资产评估项目的立项确认审批制度，实行核准制和备案制。

经各级政府批准的涉及国有资产产权变动、对外投资等经济行为的重大经济项目，其国有资产评估实行核准制。凡由国务院批准实施的重大经济项目，其评估报告由财政部进行核准；凡由省级人民政府批准实施的重大经济项目，其评估报告由省级财政部门进行核准。

对其他国有资产评估项目实行备案制。除核准项目以外，中央管理的国有资产，其资产评估项目报财政部或中央管理的企业集团公司、国务院有关部门备案。地方管理的国有资产评估项目的备案工作，比照上述原则执行。

股份制改造过程中涉及国有产权变动和国有资产评估的，应按上述原则办理核准与备案。

（7）制作改制文件

制作《股份有限公司章程（草案）》、《股东大会议事规则（草案）》、《董事会议事规则（草案）》、《监事会议事规则（草案）》等文件，待创立大会通过。

（8）办理国有股权管理审核批复事宜（若涉及国有股权）

根据财政部《关于股份有限公司国有股权管理工作有关问题的通知》（财管字〔2000〕200号）的要求，办理国有股权管理审核批复事宜需报送相关材料。

设立公司需报送的材料有：

A. 中央单位或地方财政（国资）部门及国有股东关于国有股权管理问题的申请报告；

B. 中央单位或地方政府有关部门同意组建股份有限公司的文件；

C. 设立公司的可行性研究报告、资产重组方案、国有股权管理方案；

D. 各发起人国有资产产权登记证、营业执照及主发起人前三年财务报表；

E. 发起人协议、资产重组协议；

F. 资产评估合规性审核文件；

G. 关于资产重组、国有股权管理的法律意见书；

H. 公司章程。

(9) 注资和验资

原有限责任公司股东将所持股权注入股份有限公司，并由验资机构出具验资证明。

(10) 召开创立大会

发起人应当自股款缴足之日起三十日内主持召开公司创立大会。发起人应当在创立大会召开十五日前将会议日期通知各认股人或者予以公告。创立大会应有代表股份总数过半数的发起人、认股人出席，方可举行。

创立大会行使下列职权：

A. 审议发起人关于公司筹办情况的报告；

B. 通过公司章程；

C. 选举董事会成员；

D. 选举监事会成员；

E. 对公司的设立费用进行审核；

F. 对发起人用于抵作股款的财产的作价进行审核；

G. 发生不可抗力或者经营条件发生重大变化直接影响公司设立的，可以作出不设立公司的决议。

创立大会对前款所列事项作出决议，必须经出席会议的认股人所持表决权过半数通过。

创立大会应由律师予以见证并出具见证意见。

（11）办理工商变更登记，换发营业执照

董事会应于创立大会结束后三十日内，向公司登记机关报送下列文件，申请变更登记：

A. 公司登记申请书；

B. 创立大会的会议记录；

C. 公司章程；

D. 验资证明；

E. 法定代表人、董事、监事的任职文件及其身份证明；

F. 发起人的法人资格证明或者自然人身份证明；

G. 公司住所证明。

案例　A有限责任公司整体变更为A股份有限公司

（一）变更前公司基本情况

公司名称：A有限责任公司

法定代表人：某丙

公司设立日期：2003年×月×日

注册资本：50万元

经营范围：（略）

（二）历史沿革

1. A有限责任公司的设立

A有限责任公司由2名自然人股东——某甲、某乙于2003年×月×日共同出资组建，有限公司注册资本为人民币50万元。

有限公司设立时的股本结构如下：

股 东	持有出资额（万元）	持股比例（%）
某甲	25.5	51
某乙	24.5	49
合计	50.0	100

2. 有限公司第一次变更股东、法定代表人、住所

2004 年×月×日，A 有限公司召开第一届第三次股东会，同意有限公司股东某甲向某丙转让其所持有限公司的全部出资额，计 25.5 万元，其他股东放弃优先受让权。此次出资额转让于 2004 年×月×日完成了交割，实际履行。本次股东会同意免去某甲担任的执行董事及法定代表人职务。

2004 年×月×日，A 有限公司召开第二届第一次股东会，同意选举某丙为有限公司执行董事及法定代表人，同时变更住所为××市××区××路×号。

2004 年×月×日，××市工商行政管理局××分局核准了上述变更登记事项。

第一次股权变动后的有限公司股本结构如下：

股 东	持有出资额（万元）	持股比例（%）
某丙	25.5	51
某乙	24.5	49
合计	50.0	100

（三）A 有限责任公司历次增资扩股情况（略）

（四）有限责任公司整体变更为股份有限公司

2010 年×月×日，A 有限公司召开 2009 年度股东会，同意以有限公司全体股东作为股份公司发起人，以截至 2009 年 12 月 31 日经审计的账面净资产值折股为公司股本 1000 万股，将有限公司整体变更为股份公司。整体变更后公司暂定名称为“A 股份有限公司”。

2010 年×月×日，××会计师事务所有限公司对 A 有限公司全部资产进行审计并出具了××审字〔2010〕第×号《审计报告》。经审计，

截至2009年12月31日，有限公司经审计的账面净资产为11778682.88元。

2010年×月×日，××资产评估有限公司对A有限公司全部资产和负债进行了评估，出具了××评报字〔2010〕第×号《资产评估报告》，A有限公司2009年12月31日经评估的净资产为12968314.76元。

2010年×月×日，公司全体发起人依法召开了公司创立大会暨第一次股东大会，通过了《A股份有限公司章程》及相关重要制度，选举了公司第一届董事会及公司第一届监事会成员。

2010年×月×日，××会计师事务所有限公司对公司整体变更时的注册资本实收情况进行了审验，出具了××验字［2010］第×号《验资报告》。验证截至2010年×月×日，收到A有限公司股东作为出资的经审计账面净资产11778682.88元，将其中1000万元折为公司股本，其余1778682.88元净资产折为公司资本公积金。

2010年×月×日，××市工商行政管理局核准了公司的变更登记，公司领取了注册号为×××××的《企业法人营业执照》，注册资本1000万元，公司类型为股份有限公司，法定代表人为某丙。

整体变更后A股份有限公司股本结构为：

股东	持有股份（万股）	出资额占比（%）
某丙	600.0	60.0
某乙	200.0	20.0
某丁	50.0	5.0
张某	50.0	5.0
李某	50.0	5.0
王某	50.0	5.0
合计	1000.0	100.0

4 挂牌辅导

4.1 辅导目的

公司要实现在新三板市场挂牌的目标，必须依照相关法律法规、规章规范的要求，严格履行相关义务。挂牌辅导的目的，就是通过辅导，促进辅导对象建立良好的公司治理；形成独立运营和持续发展的能力；督促公司的董事、监事、高级管理人员全面理解有关法律法规、新三板市场规范运作和信息披露的要求；树立进入新三板市场的诚信意识、法制意识；具备进入新三板市场的基本条件。

4.2 辅导机构和辅导人员

根据《证券公司从事报价转让业务自律承诺书》的要求，主办券商有义务对拟推荐挂牌公司全体高级管理人员进行辅导，使其了解相关法律、法规、规则和协议所规定的权利与义务。

辅导对象聘请的辅导机构应是具有新三板市场主办券商资格的证券机构以及其他经有关部门认定的机构。

辅导机构应当针对每一个辅导对象组成专门的辅导工作小组。辅导工作小组应明确固定的组长，组长应具有综合协调能力。

辅导对象拟或已聘用的会计师事务所、律师事务所的执业人员应在辅导机构的协调下参与辅导工作，辅导机构也可根据需要另行聘请执业会计师、律师等参与辅导。

辅导人员应具备有关法律、会计等的专业知识和技能，有较强的敬业精神。辅导机构应制定对辅导工作和辅导人员考核的内部管理办法。

辅导人员应调动辅导机构及参与的有关中介机构的系统资源和条件，确保达到辅导效果。辅导工作应具有连续性，如辅导人员发生变更，应办妥交接手续。

辅导人员及辅导机构的其他有关人员应当依法履行保密义务，在相关信息披露前，保守辅导对象的商业秘密。

辅导对象依法自主选择辅导机构，任何部门不得代替辅导对象选择或干预其选择。

4.3 辅导协议

辅导机构和辅导对象应本着自愿、平等的原则签订辅导协议。辅导机构与辅导对象还可以订立专门的保密协议。

辅导协议至少应包括以下内容：

A. 双方的权利、义务和责任；

B. 辅导人员的构成；

C. 辅导对象接受辅导的人员；

D. 辅导内容、计划及实施方案；

E. 辅导方式；

F. 辅导期间及各阶段的工作重点；

G. 辅导所要达到的效果；

H. 辅导费用及其确定的原则和付款方式；

I. 辅导协议的变更与终止；

J. 违约责任；

K. 协议的解释等。

4.4 辅导内容和实施方案

辅导机构应根据有关法律、法规和规则，以及挂牌公司的必备知识，针对辅导对象的具体情况和实际需求，确定辅导的具体内容，制定辅导计划及实施方案，以确信辅导对象具备进入新三板市场的基本条件。

辅导机构应督促公司的董事、监事、高级管理人员进行全面的法规知识学习或培训，聘请机构内部或外部的专业人员进行必要的授课，确信其理解与新三板挂牌有关的法律、法规和规则，理解挂牌公司规范运作、信息披露和履行承诺等方面的责任和义务。

辅导机构应通过辅导督促辅导对象按照有关规定初步建立符合现代企业制度要求的公司治理基础，促进辅导对象的董事、监事和高级管理人员增强法制观念和诚信意识。

辅导机构应核查辅导对象在公司设立、改制重组、股权设置和转让、增资扩股、资产评估、资本验证等方面是否合法、有效，产权关系是否明晰，股权结构是否符合有关规定。

辅导机构应督促辅导对象实现独立运营，做到业务、资产、人员、财务、机构独立完整，主营业务突出，形成核心竞争力。

辅导机构应督促辅导对象建立和完善规范的内部决策与控制制度，形成有效的财务、投资以及内部约束和激励制度。

辅导机构应督促辅导对象建立健全公司财务会计管理体系，杜绝会计虚假。

辅导机构对辅导对象是否达到新三板挂牌条件进行综合评估，协助辅导对象开展挂牌事项的准备工作。

辅导机构可组织辅导对象协商确定不同阶段的辅导重点及实施手段。辅导前期重点是摸底调查，全面形成具体的辅导方案并开始实施。辅导中期重点在于集中学习和培训，诊断问题并加以解决。辅导后期重点在于完成辅导计划，进行考核评估，做好挂牌申请文件的准备工作。

辅导机构可采取灵活、有效的辅导方式，包括组织自学、进行集中授课与考试、问题诊断与专业咨询、中介机构协调会、经验交流会、案例分析等。

辅导机构进行辅导工作应有配合辅导内容和形式的必要辅导教程。

辅导机构在辅导过程中应将有关资料及重要情况汇总，建立“辅导工作底稿”，存档备查。

辅导工作底稿的内容包括：

A. 辅导计划及实施方案；

B. 辅导协议；

C. 辅导人员变更及交接手续；

D. 辅导对象存在的重大问题及解决情况；

E. 历次考试及评估的资料；

F. 曾提出的整改建议及对辅导对象进行问题诊断、督促检查的详细记录及有关表格；

G. 其他有关辅导工作记录。

附录　新三板挂牌所涉及的常用法律、法规、规章及规则

中华人民共和国公司法

中华人民共和国证券法

中华人民共和国刑法修正案（六）

公司登记管理条例

最高人民法院关于审理证券市场因虚假陈述引发的民事赔偿案件的若干规定

最高人民法院关于审理与企业改制相关的民事纠纷案件若干问题的规定

高新技术企业认定管理办法

国家重点支持的高新技术领域

高新技术企业认定管理工作指引

证券登记结算管理办法

中关村科技园区非上市股份有限公司申请股份报价转让试点资格确认办法

证券公司代办股份转让系统中关村科技园区非上市股份有限公司股份报价转让试点办法（暂行）

主办券商推荐中关村科技园区非上市股份有限公司股份进入证券公司代办股份转让系统挂牌业务规则

股份进入证券公司代办股份转让系统报价转让的中关村科技园区非上市股份有限公司信息披露规则

主办券商尽职调查工作指引

主办券商推荐中关村科技园区非上市股份有限公司股份进入证券公司代办股份转让系统挂牌备案文件内容与格式指引

股份报价转让说明书必备内容

报价转让特别风险揭示书

证券公司从事报价转让业务自律承诺书

中国证券业协会关于股份报价公司暂停、恢复股份报价转让有关规定的通知

中国证券业协会关于进一步规范和做好主办报价券商内核工作的通知

中关村科技园区非上市股份公司进入代办转让系统证券简称及代码申请工作指引

证券公司代办股份转让系统中关村科技园区非上市公司股份报价转让登记结算业务实施细则

证券公司代办股份转让系统中关村科技园区非上市公司股份报价转让登记结算业务指南

中关村科技园区非上市股份公司进入代办股份转让系统挂牌业务指引

中关村科技园区非上市股份公司进入代办转让系统证券变更业务指引

代办股份转让系统终止挂牌业务指引

中关村科技园区非上市股份公司进入代办股份转让系统证券简称或全称变更业务指引

深圳高新区非上市股份有限公司申请进入代办股份转让系统进行股份报价转让试点资格确认办法

5 资格确认

5.1 资格确认的目的

新三板市场的主要任务，就是通过构建全国统一监管下的场外交易市场，为成长中的科技型、创新型中小企业搭建投融资平台，推动高新技术产业的发展，实现产业结构的升级与优化。对申请进入新三板市场的公司进行资格确认，其目的是为了保障挂牌公司符合国家产业政策，具有一定的质量和良好的发展前景，有利于保护投资者的利益。

5.2 基本条件

5.2.1 中关村科技园区的条件

《中关村科技园区非上市股份有限公司申请股份报价转让试点资格确认办法》规定，公司申请进入"代办转让系统"前，必须符合如下基本条件：

A. 注册在中关村科技园区内的高新技术企业；

B. 公司是依法设立的股份有限公司；

C. 公司成立满两年。

公司进入"代办转让系统"还应符合《证券公司代办股份转让服务业务试点办法》和其他相关法律法规的规定。

该规定对申请公司的注册地、组织形式、成立时间等作出了明确要求，申请公司只有具备了这些条件才能获批。

5.2.2 深圳高新区的条件

《深圳高新区非上市股份有限公司申请进入代办股份转让系统进行股份报价转让试点资格确认办法》规定，高新区非上市公司申请进入代办转让系统前，应同时符合下列条件：

A. 在深圳高新区内注册；

B. 国家、深圳市认定的高新技术企业；

C. 依法设立的股份有限公司；

D. 主营业务突出并具有持续经营记录；

E. 股份有限公司设立后股东转让所持有的股份行为符合相关法律法规的规定；

F. 公司股份在市政府指定的股权托管机构已进行规范登记托管。

高新区非上市公司申请进入代办转让系统还应符合国家关于非上市股份有限公司进入代办系统进行股份转让的相关规定。

5.3 申报文件

5.3.1 中关村科技园区的要求

《中关村科技园区非上市股份有限公司申请股份报价转让试点资格确认办法》规定，申请进入“代办转让系统”的企业首先向中关村科技园区管理委员会（以下简称中关村管委会）报送如下文件：

A. 北京市人民政府或有关部委依法批准设立为股份有限公司的文件。对异地迁入中关村科技园区的公司应提交所在地人民政府或有关部委依法批准设立的股份有限公司的文件。

B. 公司进入“代办转让系统”的申请。

C. 股东大会（临时股东大会）作出同意公司进入“代办转让系

统”的决议，附股东大会会议记录及出席会议的股东（包括股东代理人）签字。

D. 企业法人营业执照（副本）及公司章程。

E. 经律师事务所确认的合法有效的股东名册。股东名册应当包括以下内容：股份总额、股东姓名或名称、持股数量及质押状况、居民身份证号或工商营业执照代码。

F. 北京市科学技术委员会认定为中关村科技园区高新技术企业的文件。

G. 有关部门要求的其他文件。

5.3.2 深圳高新区的申报要求

《深圳高新区非上市股份有限公司申请进入代办股份转让系统进行股份报价转让试点资格确认办法》规定，申请进入代办转让系统的高新区非上市公司应向深圳高新区行政管理机构报送如下文件：

A. 依法设立为股份有限公司的文件，即变更为股份公司的工商营业执照复印件和工商信息单复印件。

B. 进入代办转让系统的申请。

C. 股东大会（临时股东大会）作出同意公司进入代办转让系统的决议，附股东大会会议记录及出席会议的股东（包括股东代理人）签字。

D. 公司章程复印件。

E. 经律师事务所确认的由深圳市股权托管机构出具的合法有效的股东名册和托管证明。股东名册应当包括以下内容：股份总额、股东姓名或名称、持股数量及质押状况、居民身份证号或工商营业执照代码。

F. 高新技术企业的证书复印件。

G. 律师事务所及其律师关于股份有限公司设立合法性的法律意见书。

H. 律师事务所及其律师关于股份有限公司设立后股东转让其股份合法性的法律意见书。

I. 董事会成员、监事会成员和高级管理人员名单。

J. 经会计师事务所审计的上年度财务报告复印件。

K. 有关部门要求的其他文件。

以上所提交材料是复印件的需加盖企业公章，提交材料的同时准备原件供查验。

5.4 审核确认

5.4.1 中关村科技园区的审核程序

中关村管委会自受理非上市公司申请文件之日起，对申请文件进行形式审核，在5个工作日内向中国证券业协会出具是否同意公司申请进入“代办转让系统”进行试点的函。如审核过程中发现公司所报材料的内容不完整，申请人应提交补充材料，受理文件时间自中关村管委会收到补充材料的当日起重新计算。

公司经确认符合试点企业基本条件后，按《证券公司代办股份转让服务业务试点办法》规定的条件和程序，向经中国证券业协会批准的具有从事股份报价转让业务资格的证券公司申请进入“代办转让系统”。

5.4.2 深圳高新区的审核程序

深圳高新区行政管理机构自受理高新区非上市公司申请文件之日起，对申请文件进行形式审核，形式审查合格后在20个工作日内出具是否同意高新区非上市公司申请进入“代办转让系统”进行股份报价转让试点的确认函。如审核过程中发现高新区非上市公司所报材料的内容不完整，应书面告知申请人提交补充材料，受理文件时间自高新区行政管理机构收到补充材料的当日起重新计算，逾期不补交材料视为自动放弃申请。

深圳高新区非上市公司经确认符合试点企业基本条件后，按国家有关非上市股份有限公司进入“代办转让系统”进行股份转让规定的条件

和程序，向经中国证券业协会批准的具有从事股份报价转让业务资格的证券公司申请进入“代办转让系统”。

5.5 确认函有效期

中关村管委会所出具的同意非上市公司申请进入“代办转让系统”进行试点的确认函有效期为一年。

深圳高新区行政管理机构所出具的同意高新区非上市公司申请进入“代办转让系统”进行股份报价转让试点的确认函有效期为一年。

附录　确认函式样[①]

中关村科技园区管理委员会

中科园函〔2010〕162号

关于同意北京环拓科技股份有限公司
申请进入证券公司代办股份转让系统
进行股份报价转让试点的函

中国证券业协会:

北京环拓科技股份有限公司申请进入证券公司代办股份转让系统进行股份报价转让试点。我委对其所报相关文件审核后认为，北京环拓科技股份有限公司是注册于中关村科技园区并依法设立的股份有限公司，是中关村高新技术企业，公司存续满两年，符合《中关村科技园区非上市股份有限公司申请股份报价转让试点资格确认办法》规定的试点资格，同意该公司申请进入代办转让系统进行股份报价转让试点。

特此函达。

二〇一〇年七月十二日

① 中国证券业协会网站，http://www.sac.net.cn，2011－01－18临时公告。

5.6 高新技术企业认定

5.6.1 认定机构

按照《高新技术企业认定管理办法》的要求，科技部、财政部、税务总局组成全国高新技术企业认定管理工作领导小组（以下简称“领导小组”），领导小组下设办公室。办公室设在科技部，其主要职责为：

A. 提交高新技术企业认定管理工作报告；

B. 组织实施对高新技术企业认定管理工作的检查；

C. 负责高新技术企业认定工作的专家资格的备案管理；

D. 建立并管理“高新技术企业认定管理工作网”；

E. 领导小组交办的其他工作。

各省、自治区、直辖市、计划单列市科技行政管理部门同本级财政、税务部门组成本地区高新技术企业认定管理机构（以下简称“认定机构”），开展下列工作：

A. 负责本行政区域内的高新技术企业认定工作；

B. 接受企业提出的高新技术企业资格复审；

C. 负责对已认定企业进行监督检查，受理、核实并处理有关举报；

D. 选择参与高新技术企业认定工作的专家并报领导小组办公室备案。

5.6.2 认定条件

按照《高新技术企业认定管理办法》的要求，高新技术企业认定须同时满足以下条件：

A. 在中国境内（不含港、澳、台地区）注册的企业，近3年内通过自主研发、受让、受赠、并购等方式，或通过5年以上的独占许可方式，对其主要产品（服务）的核心技术拥有自主知识产权。

B. 产品（服务）属于《国家重点支持的高新技术领域》规定的范围。

C. 具有大学专科以上学历的科技人员占企业当年职工总数的30%以上，其中研发人员占企业当年职工总数的10%以上。

D. 企业为获得科学技术（不包括人文、社会科学）新知识，创造性运用科学技术新知识，或实质性改进技术、产品（服务）而持续进行了研究开发活动，且近3个会计年度的研究开发费用总额占销售收入总额的比例符合如下要求：

a. 最近一年销售收入小于5000万元的企业，比例不低于6%；

b. 最近一年销售收入在5000万元至20000万元的企业，比例不低于4%；

c. 最近一年销售收入在20000万元以上的企业，比例不低于3%。

其中，企业在中国境内发生的研究开发费用总额占全部研究开发费用总额的比例不低于60%。企业注册成立时间不足3年的，按实际经营年限计算。

E. 高新技术产品（服务）收入占企业当年总收入的60%以上。

F. 企业研究开发组织管理水平、科技成果转化能力、自主知识产权数量、销售与总资产成长性等指标符合《高新技术企业认定管理工作指引》的要求。

5.6.3 认定程序

按照《高新技术企业认定管理办法》的要求，高新技术企业认定的程序如下。

（1）企业自我评价及申请

企业登录“高新技术企业认定管理工作网”，对照办法第十条的规定条件，进行自我评价。认为符合认定条件的，企业可向认定机构提出认定申请。

（2）提交申请材料

企业提出认定申请后，还需提交下列材料：

A. 高新技术企业认定申请书；

B. 企业营业执照副本、税务登记证（复印件）；

C. 知识产权证书（独占许可合同）、生产批文，新产品或新技术证明（查新）材料、产品质量检验报告、省级以上科技计划立项证明，以及其他相关证明材料；

D. 企业职工人数、学历结构以及研发人员占企业职工的比例说明；

E. 经具有资质的中介机构鉴证的企业近 3 个会计年度研究开发费用情况表（实际年限不足 3 年的按实际经营年限），并附研究开发活动说明材料；

F. 经具有资质的中介机构鉴证的企业近 3 个会计年度的财务报表（含资产负债表、损益表、现金流量表，实际年限不足 3 年的按实际经营年限）以及技术性收入的情况表。

（3）合规性审查

认定机构应建立高新技术企业认定评审专家库，依据企业的申请材料，抽取专家库内专家对申报企业进行审查，提出认定意见。

（4）认定、公示与备案

认定机构对企业进行认定。经认定的高新技术企业在“高新技术企业认定管理工作网”上公示 15 个工作日。没有异议的，报送领导小组办公室备案，在“高新技术企业认定管理工作网”上公告认定结果，并向企业颁发统一印制的“高新技术企业证书”。

附录 国家重点支持的高新技术领域

一、电子信息技术

（一）软件

1. 系统软件

2. 支撑软件

3. 中间件软件

4. 嵌入式软件

5. 计算机辅助工程管理软件

6. 中文及多语种处理软件

7. 图形和图像软件

8. 金融信息化软件

9. 地理信息系统

10. 电子商务软件

11. 电子政务软件

12. 企业管理软件

（二）微电子技术

1. 集成电路设计技术

2. 集成电路产品设计技术

3. 集成电路封装技术

4. 集成电路测试技术

5. 集成电路芯片制造技术

6. 集成光电子器件技术

（三）计算机及网络技术

1. 计算机及终端技术

2. 各类计算机外围设备技术

3. 网络技术

4. 空间信息获取及综合应用集成系统

5. 面向行业及企业信息化的应用系统

6. 传感器网络节点、软件和系统

* 采用 OEM 或 CKD 方式的集成生产项目除外。

（四）通信技术

1. 光传输技术

2. 小型接入设备技术

3. 无线接入技术

4. 移动通信系统的配套技术

5. 软交换和 VoIP 系统

6. 业务运营支撑管理系统

7. 电信网络增值业务应用系统

（五）广播电视技术

1. 演播室设备技术

2. 交互信息处理系统

3. 信息保护系统

4. 数字地面电视技术

5. 地面无线数字广播电视技术

6. 专业音视频信息处理系统

7. 光发射、接收技术

8. 电台、电视台自动化技术

9. 网络运营综合管理系统

10. IPTV 技术

11. 高端个人媒体信息服务平台

* 采用 OEM 或 CKD 方式的集成生产项目除外。

（六）新型电子元器件

1. 半导体发光技术

2. 片式和集成无源元件技术

3. 片式半导体器件技术

4. 中高档机电组件技术

（七）信息安全技术

1. 安全测评类

2. 安全管理类

3. 安全应用类

4. 安全基础类

5. 网络安全类

6. 专用安全类

* 市场前景不明朗、低水平重复，以及简单的技术引进类信息安

全软件及其相关产品除外。

（八）智能交通技术

1. 先进的交通管理和控制技术

2. 交通基础信息采集、处理设备及相关软件技术

3. 先进的公共交通管理设备和系统技术

4. 车载电子设备和系统技术

二、生物与新医药技术

（一）医药生物技术

1. 新型疫苗

2. 基因工程药物

3. 重大疾病的基因治疗

4. 单克隆抗体系列产品与检测试剂

5. 蛋白质/多肽/核酸类药物

6. 生物芯片

7. 生物技术加工天然药物

8. 生物分离、装置、试剂及相关检测试剂

9. 新生物技术

（二）中药、天然药物

1. 创新药物

2. 中药新品种的开发

3. 中药资源可持续利用

（三）化学药

1. 创新药物

2. 心脑血管疾病治疗药物

3. 抗肿瘤药物

4. 抗感染药物（包括抗细菌、抗真菌、抗原虫药等）

5. 老年病治疗药物

6. 精神神经系统药物

7. 计划生育药物

8. 重大传染病治疗药物

9. 治疗代谢综合症的药物

10. 罕见病用药（Orphan Drugs）及诊断用药

11. 手性药物和重大工艺创新的药物及药物中间体

* 简单地改变制备工艺的品种除外。

（四）新剂型及制剂技术

1. 缓、控、速释制剂技术——固体、液体及复方

2. 靶向给药系统

3. 给药新技术及药物新剂型

4. 制剂新辅料

* 简单改变剂型和给药途径的技术除外。

（五）医疗仪器技术、设备与医学专用软件

1. 医学影像技术

2. 治疗、急救及康复技术

3. 电生理检测、监护技术

4. 医学检验技术

5. 医学专用网络环境下的软件

* 机理不清、治疗效果不确定的产品除外。

（六）轻工和化工生物技术

1. 生物催化技术

2. 微生物发酵新技术

3. 新型、高效工业酶制剂

4. 天然产物有效成份的分离提取技术

5. 生物反应及分离技术

6. 功能性食品及生物技术在食品安全领域的应用

（七）现代农业技术

1. 农林植物优良新品种与优质高效安全生产技术

2. 畜禽水产优良新品种与健康养殖技术

3. 重大农林植物灾害与动物疫病防控技术

4. 农产品精深加工与现代储运

5. 现代农业装备与信息化技术

6. 水资源可持续利用与节水农业

7. 农业生物技术

三、航空航天技术

1. 民用飞机技术

* 无动力运动滑翔机、教练机等除外。

2. 空中管制系统

3. 新一代民用航空运行保障系统

* 通用独立的机场运行保障信息显示、控制设备及仪器除外。

4. 卫星通信应用系统

* 3位半以下便携式通用测试仪表等除外。

5. 卫星导航应用服务系统

四、新材料技术

（一）金属材料

1. 铝、镁、钛轻合金材料深加工技术

* 高污染高能耗皮江法生产金属镁及镁合金、常规铝合金、仿不锈钢铝建材和一般民用铝制品除外。

2. 高性能金属材料及特殊合金材料生产技术

* 高能耗、高污染的“地条钢”和一般建筑用钢、常规铸造、常规机加工项目除外。

3. 超细及纳米粉体及粉末冶金新材料工艺技术

* 超细钨粉及碳化钨粉和传统工艺生产常规粉末冶金材料及制品除外。

4. 低成本、高性能金属复合材料加工成型技术

* 铝塑复合管材、钢（铝）塑门窗等一般民用产品除外。

5. 电子元器件用金属功能材料制造技术

* 常规电力电工用金属电线、电缆及漆包线材料，贵金属浆料及阴极、阳极铝箔等除外。

6. 半导体材料生产技术

7. 低成本超导材料实用化技术

8. 特殊功能有色金属材料及应用技术

9. 高性能稀土功能材料及其应用技术

＊ 性能为N45以下和磁能积加内禀矫顽力之和小于60的常规烧结NdFeB永磁体，灯用三基色荧光粉、绿黄色长余辉稀土发光粉和普通CRT荧光粉除外。

10. 金属及非金属材料先进制备、加工和成型技术

＊ 常规铸造、常规机加工项目，电弧喷涂、镀锌磷化、电镀硬铬(铜)、火焰喷涂、喷焊、渗氮渗碳等中低档表面工程技术用以修复部件的项目除外。

（二）无机非金属材料

1. 高性能结构陶瓷强化增韧技术

2. 高性能功能陶瓷制造技术

3. 人工晶体生长技术

＊ 钽酸锂、铌酸锂、钒酸钇、六面顶金刚石、蓝宝石和石英晶体除外。

4. 功能玻璃制造技术

5. 节能与环保用新型无机非金属材料制造技术

（三）高分子材料

1. 高性能高分子结构材料的制备技术

2. 新型高分子功能材料的制备及应用技术

3. 高分子材料的低成本、高性能化技术

＊ 以下普通材料除外：普通塑料的一般改性专用料；普通电线、电缆专用料；流延、吹塑、拉伸法生产的通用薄膜；普通管材、管件异型材；普通橡胶制品；以聚乙烯、聚丙烯为基材的降解材料；普通PS、PU发泡材料；普通塑料板材等。

4. 新型橡胶的合成技术及橡胶新材料

5. 新型纤维材料

* 服装面料、衬布、纱线、常规或性能仅略有改善的纤维及服装；常规的非织造布、涂层布或压层纺织品、一般功能性纤维产品等除外。

6. 环境友好型高分子材料的制备技术及高分子材料的循环再利用技术

* 淀粉填充的不完全降解塑料及制品；单纯填充材料；废旧高分子直接回用、单纯降解塑料制品等除外。

7. 高分子材料的加工应用技术

（四）生物医用材料

1. 介入治疗器具材料

* 一般性能的支架和导管（包括导丝）除外。

2. 心血管外科用新型生物材料及产品

* 性能一般的单叶、双叶金属人工心脏瓣膜及传统生化改性技术处理的生物瓣膜或其他产品除外。

3. 骨科内置物

* 一般性人工关节和骨科内固定材料除外。

4. 口腔材料

* 一般的复合树脂充填材料、种植体、银汞合金、藻酸盐印模材料除外。

5. 组织工程用材料及产品

6. 载体材料、控释系统用材料

7. 专用手术器械及材料

（五）精细化学品

1. 电子化学品

2. 新型催化剂技术

3. 新型橡塑助剂技术

4. 超细功能材料技术

* 常规的粉体材料除外。

5. 功能精细化学品

* 以下产品除外：生物降解功能差或毒性大的表面活性剂；通用

溶剂型涂料，通用水性建筑涂料及普通防锈涂料，低档涂料及助剂；普通打印墨水；低水平重复生产的精细化学品等。

五、高技术服务业

1. 共性技术

2. 现代物流

3. 集成电路

* 双列直插（DIP）、金属封装、陶瓷封装技术除外。

4. 业务流程外包（BPO）

5. 文化创意产业支撑技术

* 仅仅对国外创意进行简单外包、简单模仿或简单离岸制造，既无知识产权，也无核心竞争力，产品内容涉及色情、暴力、意识形态、造成文化侵蚀、有害青少年身心健康的除外。

6. 公共服务

7. 技术咨询服务

8. 精密复杂模具设计

9. 生物医药技术

10. 工业设计

六、新能源及节能技术

（一）可再生清洁能源技术

1. 太阳能

（1）太阳能热利用技术

* 简单重复生产的产品除外。

（2）太阳能光伏发电技术

* 简单太阳电池组件的封装和低水平的重复性生产除外。

（3）太阳能热发电技术

2. 风能

（1）1.5MW以上风力发电技术

（2）风电场配套技术

3. 生物质能

(1) 生物质发电关键技术及发电原料预处理技术

(2) 生物质固体燃料致密加工成型技术

(3) 生物质固体燃料高效燃烧技术

(4) 生物质气化和液化技术

(5) 非粮生物液体燃料生产技术

(6) 大中型生物质能利用技术

4. 地热能利用

(二) 核能及氢能

1. 核能技术

2. 氢能技术

(三) 新型高效能量转换与储存技术

1. 新型动力电池(组)、高性能电池(组)

2. 燃料电池、热电转换技术

(四) 高效节能技术

1. 钢铁企业低热值煤气发电技术

2. 蓄热式燃烧技术

3. 低温余热发电技术

4. 废弃燃气发电技术

* 高热值燃气发电技术及产品除外。

5. 蒸汽余压、余热、余能回收利用技术

6. 输配电系统优化技术

7. 高泵热泵技术

8. 蓄冷蓄热技术

9. 能源系统管理、优化与控制技术

10. 节能监测技术

11. 节能量检测与节能效果确认技术

七、资源与环境技术

(一) 水污染控制技术

1. 城镇污水处理技术

2. 工业废水处理技术

3. 城市和工业节水与废水资源化技术

4. 面源水污染的控制技术

5. 雨水、海水、苦咸水利用技术

6. 饮用水安全保障技术

（二）大气污染控制技术

1. 煤燃烧污染防治技术

2. 机动车排放控制技术

3. 工业可挥发性有机污染物防治技术

4. 局部环境空气质量提高与污染防治技术

5. 其他重污染行业空气污染防治技术

（三）固体废弃物的处理与综合利用技术

1. 危险固体废弃物的处置技术

2. 工业固体废弃物的资源综合利用技术

3. 有机固体废物的处理和资源化技术

（四）环境监测技术

1. 在线连续自动监测技术

2. 应急监测技术

3. 生态环境监测技术

（五）生态环境建设与保护技术

（六）清洁生产与循环经济技术

1. 重点行业污染减排和“零排放”关键技术

2. 污水和固体废物回收利用技术

3. 清洁生产关键技术

4. 绿色制造关键技术

（七）资源高效开发与综合利用技术

1. 提高资源回收利用率的采矿、选矿技术

2. 共、伴生矿产的分选提取技术

3. 极低品位资源和尾矿资源综合利用技术

* 一些常规的污染控制技术除外：常规工艺技术装备组合的水处理技术；城市混合垃圾和畜禽粪便制肥技术；20吨以下的锅炉脱硫除尘技术；油烟净化技术（吸附、静电、喷淋）；技术含量低的用工业废物制造建材项目；一次性餐具及相关材料技术；未经安全评价的用于治理环境污染的生物菌剂技术；室内空气净化空气清新剂及常规消毒技术。

八、高新技术改造传统产业

（一）工业生产过程控制系统

1. 现场总线及工业以太网技术

2. 可编程序控制器（PLC）

* 以OEM方式集成的PLC产品除外。

3. 基于PC的控制系统

4. 新一代的工业控制计算机

（二）高性能、智能化仪器仪表

1. 新型自动化仪表技术

* 一般传统的流量、温度、物位、压力计或变送器除外。

2. 面向行业的传感器技术

3. 新型传感器技术

* 采用传统工艺且性能没有显著提高的传感器（包括：热电偶、热电阻、电位器、电容、电感、差动变压器、电涡流、应变、压电、磁电等原理的传感器）除外。

4. 科学分析仪器、检测仪器技术

* 传统的气相色谱仪除外。

5. 精确制造中的测控仪器技术

（三）先进制造技术

1. 先进制造系统及数控加工技术

*低附加值的和低技术含量的零部件加工技术除外。

2. 机器人技术

* 性能和结构一般的没有知识产权的普通机器人除外。

3. 激光加工技术

4. 电力电子技术

* 性能一般的电源变换产品除外。

5. 纺织及轻工行业专用设备技术

* 性能一般的普通纺织机械、性能一般的包装机械及柔性版印刷机、卷筒进料多色凹版印刷机、不干胶商标印刷机除外。

（四）新型机械

1. 机械基础件及模具技术

* 常规通用工艺技术，性能、结构、精度、寿命一般的普通机械基础件、普通塑料模具和冷冲压模具除外。

2. 通用机械和新型机械

* 性能一般的各类普通泵和阀门除外。

（五）电力系统信息化与自动化技术

1. 采用新型原理、新型元器件的电力自动化装置

2. 采用数字化、信息化技术，提高设备性能及自动化水平的技术

3. 电力系统应用软件

4. 用于输配电系统和企业的新型节电装置

* 传统的高、低压开关设备，常规的发、供、配电设备除外。

（六）汽车行业相关技术

1. 汽车发动机零部件技术

2. 汽车关键零部件技术

3. 汽车电子技术

4. 汽车零部件前端技术

6 主办券商推荐

6.1 推荐挂牌协议

根据中国证券业协会《试点办法》第十条的规定，非上市公司申请股份在代办系统挂牌，须委托一家主办券商作为其推荐主办券商，向中国证券业协会进行推荐。申请股份挂牌的非上市公司应与推荐主办券商签订推荐挂牌协议。

推荐挂牌协议应包括的主要内容：

（1）协议双方的基本情况

拟挂牌公司（以下简称甲方）的基本情况：

A. 设立时间；

B. 股份发行情况；

C. 股本总额；

D. 股东人数；

E. 股权结构（以图表形式附后）；

F. 董事、监事、经理、副经理、财务负责人及其持股明细。

主办券商（以下简称乙方）的基本情况：

A. 设立时间；

B. 注册资本；

C. 法定代表人；

D. 取得中国证券业协会授予的代办系统主办券商业务资格的

时间。

（2）甲方的承诺及权利、义务

甲方就委托乙方担任其公司股份报价转让的推荐主办券商事项，向乙方作出如下承诺：

A. 保证遵守《试点办法》、《信息披露规则》等报价转让业务规则对非上市公司的相关规定，并遵守就股份报价转让事项对政府部门作出的承诺，乙方依据《试点办法》、《信息披露规则》及其他报价转让业务规则对甲方作出的指导、督促及采取的相关措施，均构成本协议项下对甲方有约束力的合同义务。

B. 按照相关规定和要求修改公司章程，完善公司治理制度，增加对中小股东权益保护的相关内容。

C. 如发行新股（不包括公开发行），优先向公司股东配售。

甲方就委托乙方担任其公司股份报价转让的推荐主办券商事项，享有以下权利：

A. 甲方及其高级管理人员有权就公司股份报价转让获得乙方辅导，并可就相关报价转让业务规则向乙方进行咨询。

B. 甲方有权就公司治理、财务及会计制度、信息披露等方面获得乙方业务指导。

甲方就委托乙方担任其公司股份报价转让的推荐主办券商事项，应履行以下义务：

A. 甲方应积极配合乙方的推荐挂牌备案工作，及时、完整地向乙方提交备案所需文件，并保证所提交文件均真实、准确、完整、合法、有效，不存在任何虚假记载、误导性陈述和重大遗漏。

B. 甲方应于协会对推荐挂牌备案文件出具备案确认函之日起（ ）个报价日内完成以下工作。

a. 通知并协助股东办理股份登记、存管；

b. 核对并向乙方提交股东持股明细以及董事、监事、经理、副经理、财务负责人名单及持股数量；

c. 与证券登记结算机构签订证券登记服务协议，将公司全部股份

进行初始登记。

C. 甲方应保证所提供的股东名册合法、真实、准确和完整，如因工作失误造成股东股权争议或纠纷的，由甲方承担全部责任。

D. 甲方初始登记的股份，应全部托管到乙方席位。

E. 甲方应严格按照有关规定，履行信息披露义务。

F. 甲方拟披露信息须经由乙方在指定网站进行披露。

G. 甲方及董事会全体成员须保证信息披露内容的真实、准确、完整，不存在任何虚假记载、误导性陈述和重大遗漏，并承担个别及连带责任。

H. 甲方披露信息，应经董事长或其授权董事签字确认；若有虚假陈述，董事长应承担相应责任。

I. 甲方及其高级管理人员不得利用公司内幕信息直接或间接为本人或他人谋取利益。

J. 甲方董事会秘书负责股权管理与信息披露事务；未设董事会秘书的，应指定一名具备相关专业知识的人员负责股权管理与信息披露事务。

董事会秘书或负责信息披露事务的人员为甲方与乙方之间的联络人。

K. 甲方应将董事会秘书或负责信息披露事务的人员的通讯方式（办公电话、住宅电话、移动电话、电子信箱、传真、通信地址等）和变更情况及时告知乙方。

L. 董事会秘书被解聘或辞职、指定信息披露负责人员被更换或辞职的，甲方应及时告知乙方。

M. 甲方应配备信息披露必需的通讯工具和计算机等办公设备，保证计算机可以连接国际互联网，对外咨询电话应保持畅通。

N. 甲方拟披露信息须及时报送乙方，应同时以纸质文档（包括传真）和电子文档形式报送，甲方应保证电子文档与纸质文档内容一致。

O. 甲方应于每一会计年度结束之日起四个月内编制完成并披露年度报告。

公司年度财务报告须经会计师事务所审计。

P. 甲方应于每一会计年度的上半年结束之日起两个月内编制完成并披露半年度报告。

Q. 甲方披露季度报告的，季度报告应按照乙方要求编制。

年度报告、半年度报告或季度报告的披露应按《信息披露规则》规定的信息披露程序进行。

R. 甲方及其高级管理人员应了解并遵守《试点办法》、《信息披露规则》及本协议的相关规定，履行相关义务。

S. 甲方全体董事、监事应按乙方要求的内容和格式签署董事、监事声明与承诺书。

如董事、监事发生变化，甲方应及时通知乙方，告知并要求新任董事、监事签署董事、监事声明与承诺书。

T. 董事长不能正常履行职责超过三个月的，甲方应及时将该事实告知乙方。

U. 甲方董事、监事、经理、副经理及财务负责人持有的公司股份，在法律限制转让期间不得卖出；甲方应将新任及离职董事、监事、经理、副经理、财务负责人名单及其持股数量及时告知乙方，并按有关规定向乙方申请进行或解除其股份转让限制。

V. 甲方股东挂牌前所持股份在进入代办股份转让系统进行挂牌报价转让前，甲方应提前三十个报价日向乙方提出申请。

W. 甲方应积极配合乙方的问询、调查或核查，不得阻挠或人为制造障碍，并按乙方要求办理公告事宜。

X. 甲方出现下列情况时，应自该事实发生之日起两个报价日内告知乙方并披露：

a. 经营方针和经营范围的重大变化；

b. 发生或预计发生重大亏损、重大损失；

c. 合并、分立、解散及破产；

d. 控股股东或实际控制人发生变更；

e. 重大资产重组；

f. 重大关联交易；

g. 重大或有事项，包括但不限于重大诉讼、重大仲裁、重大担保；

h. 法院裁定禁止有控制权的大股东转让其所持公司股份；

i. 董事长或总经理发生变动；

j. 变更会计师事务所；

k. 主要银行账号被冻结，正常经营活动受影响；

l. 因涉嫌违反法律、法规被有关部门调查或受到行政处罚；

m. 涉及公司增资扩股和公开发行股票的有关事项；

n. 乙方认为需要披露的其他事项。

（3）乙方的承诺及权利、义务

乙方就担任甲方公司股份报价转让的推荐主办券商事项，向甲方作出如下承诺：

A. 具备主办券商业务资格，具有协会颁发的代办系统主办券商业务资格证书；

B. 具有符合《试点办法》规定的从事报价转让业务的机构设置和人员配备；

C. 勤勉尽责地履行推荐主办券商职责。

乙方就担任甲方公司股份报价转让的推荐主办券商事项，享有以下权利：

A. 乙方有权依据《试点办法》的规定，暂停、终止甲方股份的挂牌报价，并报协会备案。

B. 乙方有权对甲方提出的公司股东所持股份进行或解除转让限制的申请进行审核，并报协会备案。

C. 乙方有权依据《试点办法》、《信息披露规则》等报价转让业务规则的规定，指导和督促甲方规范履行信息披露义务。

D. 乙方有权对甲方披露信息文件进行形式审查。

乙方可对甲方拟披露或已披露信息的真实性提出合理性怀疑，并对相关事项进行专项调查。

E. 甲方未能规范履行信息披露义务的，乙方有权要求其限期改正，并根据情节轻重采取以下措施：

a. 向投资者进行风险揭示；

b. 暂停解除其控股股东、实际控制人及其一致行动人股份的限售登记；

c. 对甲方董事长、董事、董事会秘书或负责信息披露的其他人员进行公开谴责；

d. 向协会报告。

F. 甲方未在规定期限内披露年度报告或连续三年亏损的，乙方有权对其股份实行特别处理。

乙方就担任甲方公司股份报价转让的推荐主办券商事项，应履行以下义务：

A. 乙方应依据《试点办法》、《推荐挂牌规则》、《信息披露规则》等报价转让业务规则的规定，勤勉尽责地履行推荐主办券商职责，不得损害甲方的合法权益。

B. 乙方应依据《推荐挂牌规则》的规定，向协会推荐甲方股份挂牌报价并进行备案。

C. 对甲方高级管理人员进行辅导，使其了解《试点办法》及其他报价转让业务规则。

D. 代理甲方及时按照《公司法》、《试点办法》规定办理董事、监事、经理、副经理及财务负责人所持公司股份的转让限制登记及解除转让限制登记手续。

E. 乙方及其专职信息披露人员不得泄露尚未披露的信息，不得利用所知悉的尚未披露信息为自己或他人谋取利益。

(4) 费用

A. 甲方应当按照相关规定向乙方支付下列费用：

a. 委托备案费（　　）元；

b. 乙方代收的备案费（　　）元；

c. 乙方代收的信息披露服务费（　　）元/年；

d. 费用的支付方式和时间为（　　）。

B. 甲方股份终止挂牌报价的，已经支付的相关费用不予返还。

（5）协议的变更与解除

A. 丙方丧失主办券商业务资格的，甲方、乙方应协商选择另一家主办券商，约定其为甲方的副推荐主办券商，重新签订推荐挂牌报价转让协议。重新签订的推荐挂牌报价转让协议应由甲方和乙方分别向北京市人民政府和协会备案。

B. 本协议依据《试点办法》、《信息披露规则》等报价转让业务规则签订，如因相关规则进行修订或颁布实施新的报价转让业务规则而导致本协议相关条款内容与修订或新颁布的报价转让业务规则内容相抵触，本协议与之相抵触的有关条款自动变更，以修订或新颁布后的报价转让业务规则相关内容为准，其他条款继续有效；任何一方不得以此为由解除本协议。

C. 出现下列情况之一，本协议自动解除：

a. 协会对推荐挂牌备案文件决定不予备案的；

b. 甲方股份终止报价转让的。

（6）免责条款

A. 因不可抗力因素导致任一方损失，其他方不承担赔偿责任。

B. 发生不可抗力时，甲、乙、丙三方均应及时采取措施防止损失进一步扩大。

（7）争议解决

本协议项下产生的任何争议，各方首先应协商解决；协商解决不成的，可选择以下方式解决：

A. 仲裁；

B. 向有管辖权的人民法院提起诉讼。

（8）其他事项

A. 本协议规定的事项发生重大变化或存在未尽之事宜，甲、乙、丙三方应当重新签订协议或签订补充协议。补充协议与本协议不一致的，以补充协议为准。

B. 本协议自甲、乙、丙三方签字盖章后生效。

C. 本协议一式八份，甲、乙、丙三方各执两份，报北京市人民政府、协会各一份备案，每份均具有同等法律效力。

6.2 券商尽职调查

6.2.1 尽职调查的目的

按照《主办券商尽职调查工作指引》的释义，尽职调查是指主办券商遵循勤勉尽责、诚实信用的原则，通过实地考察等方法，对申请在代办股份转让系统挂牌报价转让股份的公司进行调查，以有充分理由确信公司符合《试点办法》规定的挂牌条件以及推荐挂牌备案文件真实、准确、完整的过程。

券商尽职调查是公司实现新三板挂牌目标的必经程序，其目的是为了保障挂牌公司的质量。根据《试点办法》第十一条的规定，推荐主办券商应对申请股份挂牌的非上市公司进行尽职调查，同意推荐挂牌的，出具推荐报告，并向协会报送推荐挂牌备案文件。

6.2.2 尽职调查的主要内容和方法

（1）公司财务状况调查

①内部控制调查

通过考察控制环境、风险识别与评估、控制活动与措施、信息沟通与反馈、监督与评价等基本要素，评价公司内部控制制度是否充分、合理并有效。

②财务风险调查

A. 根据经审计的财务报告，分析公司主要财务指标，调查相关财务风险；

B. 调查公司的关联方、关联方关系及关联方交易；

C. 调查公司收入、成本、费用的配比性；

D. 调查公司非经常性损益的真实性、准确性、完整性和合理性；

E. 调查注册会计师对公司财务报告的审计意见。

③会计政策稳健性调查

A. 调查公司资产减值准备会计政策的稳健性；

B. 调查公司投资会计政策的稳健性；

C. 调查公司固定资产和折旧会计政策的稳健性；

D. 调查公司无形资产会计政策的稳健性；

E. 调查公司收入会计政策的稳健性；

F. 调查公司广告费、研发费用、利息费等费用项目会计政策的稳健性；

G. 调查公司合并财务报表会计政策的稳健性。

（2）公司持续经营能力调查

A. 调查公司主营业务及经营模式；

B. 调查公司的业务发展目标；

C. 调查公司所属行业情况及市场竞争状况；

D. 调查公司对客户和供应商的依赖程度、技术优势和研发能力。

（3）公司治理调查

A. 调查公司治理机制的建立情况；

B. 调查公司治理机制的执行情况；

C. 调查公司股东的出资情况；

D. 调查公司的独立性；

E. 调查公司与控股股东、实际控制人及其控制的其他企业是否存在同业竞争；

F. 调查公司对外担保、重大投资、委托理财、关联方交易等重要事项的决策和执行情况；

G. 调查公司管理层及核心技术人员的持股情况；

H. 调查公司管理层的诚信情况。

（4）公司合法合规事项调查

A. 调查公司设立及存续情况；

B. 调查公司获得北京市人民政府确认为股份报价转让试点企业资格的情况；

C. 调查公司最近两年是否存在重大违法违规行为；

D. 调查公司最近两年股权变动的合法合规性以及股本总额和股权结构是否发生变化；

E. 调查公司股份是否存在转让限制；

F. 调查公司主要财产的合法性，是否存在法律纠纷或潜在纠纷以及其他争议；

G. 调查公司的重大债务；

H. 调查公司的纳税情况；

I. 调查公司环境保护和产品质量、技术标准是否符合相关要求；

J. 调查公司是否存在重大诉讼、仲裁及未决诉讼、仲裁情况。

6.2.3 尽职调查报告

在尽职调查报告扉页，项目小组人员应分别作出声明：已按照《主办券商尽职调查工作指引》的要求，对公司的（ ）相关事项进行了尽职调查，有充分理由确信尽职调查报告内容不致因上述内容出现虚假记载、误导性陈述及重大遗漏，并对报告的真实性、准确性和完整性承担相应责任。

项目小组应在尽职调查报告中说明尽职调查涵盖的期间、调查范围、调查事项、调查程序和方法、发现的问题及存在的风险、评价或判断的依据等。项目小组应在尽职调查报告中说明公司对不规范事项的整改情况。

项目小组应在尽职调查报告中对公司的下列事项发表独立意见：

A. 公司控股股东、实际控制人情况及持股数量；

B. 公司的独立性；

C. 公司治理情况；

D. 公司规范经营情况；

E. 公司的法律风险；

F. 公司的财务风险；

G. 公司的持续经营能力；

H. 公司是否符合挂牌条件。

项目小组各成员应在尽职调查报告上签字，并加盖主办券商公章和注明报告日期。

6.3 券商推荐报告

中国证券业协会《试点办法》第十一条规定：推荐主办券商应对申请股份挂牌的非上市公司进行尽职调查，同意推荐挂牌的，出具推荐报告，并向协会报送推荐挂牌备案文件。根据该规定，出具推荐报告，是主办券商的重要责任。

券商推荐报告应包含的主要内容：

（1）尽职调查情况

项目小组是否根据《主办券商尽职调查工作指引》的要求，对拟挂牌公司进行了尽职调查。了解的主要事项包括公司的基本情况、历史沿革、独立性、关联交易、同业竞争、规范运作、持续经营、财务状况、发展前景、重大事项等。

通过上述尽职调查，项目小组是否出具了《拟挂牌公司股份报价转让尽职调查报告》。

（2）内核意见

内核小组的成员是否符合要求；参与项目审核的内核成员中是否包含执业律师、执业注册会计师、行业专家；内核成员是否存在近三年内有违法、违规记录的情形；是否存在担任项目小组成员的情形；是否存在持有拟推荐园区公司股份，或在该公司中任职以及存在其他可能影响其公正履行职责的情形。

具体审核意见：

A. 项目小组是否已按照《主办券商尽职调查工作指引》的要求进行了尽职调查。

B. 拟挂牌公司是否参照《股份进入代办股份转让系统报价转让的中关村科技园区非上市股份有限公司信息披露规则》（以下简称《信息披露规则》）的要求，制作了《股份报价转让说明书》，公司挂牌前拟披露的信息是否符合信息披露规则的要求。

C. 拟挂牌公司是否符合中国证券业协会规定的挂牌条件：公司成立是否已满两年；公司主营业务是否突出，是否具有持续经营能力；公司治理结构是否健全，运作是否规范；公司股份发行和转让行为是否合法合规；是否取得北京市人民政府出具的非上市公司股份报价转让试点资格确认函，是否属于经北京市政府确认的股份报价转让试点企业。

D. 表决结果：7 位内核成员经投票表决，（ ）票同意、（ ）票反对，是否同意推荐拟挂牌公司在股份代办转让系统中挂牌。

（3）推荐意见

根据项目小组对拟挂牌公司的尽职调查，主办券商对拟挂牌公司是否符合中国证券业协会关于进入代办股份转让系统所规定的挂牌条件，明确发表意见：

A. 公司存续是否已满两年；

B. 公司主营业务是否突出，是否具有持续经营能力；

C. 公司治理结构是否健全，运作是否规范；

D. 公司股份发行和转让行为是否合法合规；

E. 是否取得北京市人民政府出具的非上市公司股份报价转让试点资格确认函。

结论：拟挂牌公司是否符合进入证券公司代办股份转让系统挂牌的条件，主办券商是否同意推荐公司在证券公司代办股份转让系统中挂牌，并进行股份报价转让。

（4）提请投资者关注的事项

此事项包括：拟挂牌公司股东所持公司股份转让受限的情况；大股

东不当控制的风险；产品升级的风险；新产品开发风险；信息泄密的风险；客户依赖的风险；应收账款回收风险；税收优惠政策变化风险；其他需要提请投资者关注的事项。

附录　券商推荐报告

××证券公司关于推荐××××股份有限公司股份进入代办股份转让系统报价转让的推荐报告①

根据中国证券业协会（以下简称“协会”）下发的《证券公司代办股份转让系统中关村科技园区非上市股份有限公司股份报价转让试点办法（暂行）》（以下简称“试点办法”），××××股份有限公司（以下简称“××××”、“股份公司”或“公司”）就其股份进入代办股份转让系统报价转让事宜经过董事会决议、股东大会批准，并向××证券公司（以下简称“××证券”或“我公司”）提交了“关于进入代办股份转让系统股份报价转让挂牌的申请”。

根据协会发布的《主办券商推荐中关村科技园区非上市股份有限公司股份进入证券公司代办股份转让系统报价转让的挂牌业务规则》（以下简称“业务规则”）、《主办券商尽职调查工作指引》（以下简称“工作指引”），我公司对××××的财务状况、持续经营能力、公司治理和合法合规事项等进行了尽职调查，就××××本次申请进入代办股份转让系统挂牌股份报价转让出具本报告。

一、尽职调查情况

××证券推荐××××挂牌项目小组（以下简称“项目小组”）根据《主办券商尽职调查工作指引》的要求，对××××进行了尽职调查，了解的主要事项包括公司的基本情况、历史沿革、独立性、关联交易、同业竞争、规范运作、持续经营、财务状况、发展前景、重大事项

① 编者注：该文本系根据中国证券业协会网站发布的公开信息整理而成，此处隐去了相关机构的名称，敬请谅解。编者认为，该文本用语规范，措词谨慎客观，可作为范本参考。

等。项目小组与××××董事、总经理、董事会秘书、财务负责人、员工等进行了交谈，并与公司聘请的××律师事务所律师、××会计师事务所有限责任公司注册会计师进行了交流；查阅了公司章程、“三会”［股东（大）会、董事会、监事会］会议记录、公司各项规章制度、会计凭证、会计账簿、审计报告、工商行政管理部门登记资料、纳税凭证等；了解了公司的生产经营情况、内部控制制度、规范运作情况和发展计划。通过上述尽职调查，项目小组出具了《××××股份有限公司股份报价转让尽职调查报告》。

二、内核意见

我公司推荐挂牌项目内核小组（以下简称“内核小组”）对××××拟申请进入代办股份转让系统报价转让的备案文件进行了认真的审阅，并召开了内核会议。参加此次内核会议的内核成员共七名：（姓名略），其中律师、注册会计师、行业专家各一名。

上述内核成员不存在最近三年内有违法、违规记录的情形；不存在担任项目小组成员的情形；不存在持有××××的股份或在该公司中任职以及存在其他可能影响其公正履行职责的情形。

根据《主办券商推荐中关村科技园区非上市股份有限公司股份进入证券公司代办股份转让系统挂牌业务规则》对内核审核的要求，内核成员经过审核讨论，对××××本次挂牌股份报价转让出具如下审核意见：

（一）内核小组按照《主办券商尽职调查工作指引》的要求对项目小组制作的《××××股份有限公司股份报价转让尽职调查报告》进行了审阅，并对尽职调查工作底稿进行了抽查核实。认为项目小组已按照《主办券商尽职调查工作指引》的要求对公司进行了实际考察、资料核查等工作；项目小组中的注册会计师、律师、行业分析师已就尽职调查中涉及的财务会计事项、法律事项、业务技术事项出具了调查报告。项目小组已按照《主办券商尽职调查工作指引》的要求对××××进行了尽职调查。

（二）根据《股份进入证券公司代办股份转让系统报价转让的中关

村科技园区非上市股份有限公司信息披露规则》（以下简称“信息披露规则”）和《股份报价转让说明书必备内容》的要求，××××已制作了《股份报价转让说明书》，公司挂牌前拟披露的信息符合《信息披露规则》的要求。

（三）根据《试点办法》有关挂牌的条件，××××存续时间已满二年；公司主营业务突出，具有持续经营能力；公司治理结构健全，运作规范；公司股份发行和转让行为合法合规；公司属于北京市政府确认的股份报价转让试点企业。

综上所述，××××符合《证券公司代办股份转让系统中关村科技园区非上市股份有限公司股份报价转让试点办法（暂行）》第九条有关挂牌的条件，内核会议就是否推荐××××在代办股份转让系统报价转让进行了表决，表决结果为：同意7票，反对0票。

内核意见认为：××××符合《试点办法》规定的进入代办股份转让系统挂牌并报价转让的条件，同意推荐××××进入代办股份转让系统报价转让。

三、推荐意见

根据试点办法的要求，我公司按《工作指引》要求对××××进行了尽职调查，按《业务规则》要求进行了内部审核。经内核小组内核会议审核通过，认为××××符合试点办法要求：

（一）公司存续已满二年

公司于2003年×月×日在北京市工商行政管理局注册成立，设立时名称为××××有限公司。2005年×月×日，公司名称变更为××××技术有限公司。2008年×月，公司由有限公司整体变更为股份有限公司，公司名称变更为××××股份有限公司。

有限公司2008年×月×日经审计的净资产为（　）元，各股东以审计后净资产折合股本，共计折合注册资本（　）股，每股面值1元，净资产大于注册资本部分计入股份有限公司资本公积金。2008年×月×日，××会计师事务所有限责任公司出具了××验字（2008）第×号《验资报告》，验证截至2008年×月×日，公司已收到全体股东缴纳的注册资本合计人民币（ ）元。2008年×月×日，公司在北京市工商行政管理局办理了工商变更登记手续，取得了注册号为×××××的《企业法人营业执照》。

整体变更前后，公司的股东、主营业务范围、高级管理人员等均没有发生变化。公司系以2008年×月×日经审计的净资产值折股整体变更为股份公司，公司的经营业绩可以连续计算，符合“存续满二年”的要求。

（二）公司主营业务突出，具有持续经营能力

公司专业从事（ ）的设计、制造、安装和调试，是国内××领域的成套设备供应商。公司的经营性业务均为主营业务，主营业务突出。

根据××会计师事务所有限责任公司出具的公司2008年、2009年审计报告显示，公司在报告期内主营业务收入分别为（ ）元和（ ）元，主营业务利润分别为（ ）元和（ ）元，净利润分别为（ ）元和（ ）元。项目小组认为公司具有持续经营记录。

根据项目小组对公司工商登记资料、纳税情况的调查，报告期内没有发现公司有重大违法经营的情形，而且公司每年均按时完成了工商年检。公司自成立以来一直合法有效存续。

因此，公司符合“主营业务突出，具有持续经营能力”的要求。

（三）公司治理结构健全，运作规范

公司自2003年成立以来，规模逐渐扩大，于2008年×月由有限责任公司整体变更为股份有限公司，在此过程中相应地逐步建立起基本符合现代企业制度要求的公司治理结构。

有限公司成立之初，因规模较小、股东人数较少，仅设立了股东会、一名执行董事和一名监事。在公司发展到一定规模之后，于2007年×月设立董事会和监事会。股东会、董事会和监事会基本能够按照《公司法》、《公司章程》及相关议事规则的规定规范运作，没有发现重大违法违规现象。

整体变更为股份有限公司后，公司按照《公司法》、《公司章程》的规定设立了股东大会、董事会和监事会；股东大会、董事会、监事会基

本能够按照《公司法》、《公司章程》及相关议事规则的规定规范运作，没有发现重大违法违规现象。

公司制订了《股东大会议事规则》、《董事会议事规则》、《监事会议事规则》等制度，并得到了较好的执行。项目小组通过对公司股东会及股东大会、董事会、监事会及职工代表大会的相关材料的核查，公司的董事、监事及高级管理人员的变更基本符合有关规定，并履行了必要的法律程序。

项目小组与公司管理层进行了有关诚信情况的沟通，并取得了公司管理层所签署的书面声明，承诺近两年无违法违规行为，无应对所任职公司最近两年内因重大违法违规行为被处罚负有责任，无个人到期未偿还的大额债务、欺诈或其他不诚信行为。项目小组通过调查公司原始记录，询问公司法律顾问等方式进行补充调查，没有发现公司管理层有不良诚信状况的记录。

因此，公司符合“公司治理结构健全，运作规范”的要求。

（四）股份发行和转让行为合法合规

公司为有限责任公司期间，发生过×次增资和×次股东转让股权。2008 年× 月，公司整体变更为股份有限公司。变更为股份公司后，公司股本及股权结构一直未发生过变化。

1. 公司设立时名称为××××有限公司。由自然人（姓名略）以货币共同出资××万元设立。

2003 年× 月× 日，××会计师事务所有限责任公司出具了(2003) ××验字第× 号《开业登记验资报告书》，确认上述货币出资已入账。

2003 年× 月× 日，经北京市工商行政管理局登记备案，有限公司领取了注册号为×××××的《企业法人营业执照》。

2. 2005 年×月×日，××××有限公司股东会决议，同意公司名称变更为××××技术有限公司。公司住所变更为（ ）。

2005 年× 月× 日，有限公司就上述事项在北京市工商行政管理局办理了工商变更登记手续。

3. 2007年×月×日，有限公司股东会决议，股东一致同意×××、×××等将各自持有的×%股权分别转让给×××、×××等。

2007年×月×日，上述转让人与受让人就股权转让事宜分别签订了《股权转让协议》。

2007年×月，有限公司就上述事项在北京市工商行政管理局办理了工商变更登记手续。

4. 2008年×月×日，有限公司股东会决议，公司注册资本由××万元增加到××××万元，全体股东同比例增资。其中，股东以货币增资×××万元，以共同拥有的"××"、"××"非专利技术经评估作价增资，经××资产评估有限责任公司出具的××评报字〔2008〕第×号《"××"非专利技术无形资产评估报告书》、××评报字〔2008〕第×号《"××"非专利技术无形资产评估报告书》，以2007年×月×日为评估基准日，两项技术评估价值分别为×××万元、××××万元，合计××××万元，其中××××万元作为认缴的出资，剩余部分计入资本公积金。两项非专利技术是股东×××等人在公司成立前研发的技术，在公司成立前已研发完成。

2003年公司成立后，开始使用这两项技术。2008年公司增资时，股东以现金加两项非专利技术增资。鉴于公司已使用两项非专利技术5年，期间股东结合实际生产情况进行了不断改进和完善，但公司同意针对该两项技术所进行的改进和完善形成的知识产权归属于股东所有，因此，全体股东决定将非专利技术确认为股东共有经评估后折价投入公司，溢价部分列为资本公积金。

公司律师经核查后认为："股东用于增资的两项非专利技术系股东×××等人于公司设立之前研发而成，公司设立后，股东将该两项非专利技术无偿授予公司使用，并根据使用情况进行了改进和完善。根据公司的说明就该两项非专利技术的改进和完善所形成的知识产权均归属于股东，为此，增资时，股东各方对各自的增资份额进行了划分，并对划分无异议。用于增资的非专利技术由××资产评估有限责任公司进行评估并出具××评报字〔2008〕第×号《'××'非专利技术无形资产

评估报告书》和××评报字〔2008〕第× 号《‘××’非专利技术无形资产评估报告书》；××会计师事务所有限责任公司出具了××内验字(2008) 第×号《验资报告》进行了验资。增资行为履行了法律法规规定的必要程序。”

2008年× 月× 日，××会计师事务所有限责任公司出具了××内验字（2008）第× 号《验资报告》，确认截至2008年× 月× 日，公司已收到×××等新增注册资本（实收资本）合计人民币（ ）元，各股东以货币出资（ ）元，以非专利技术出资（ ）元。

2008年× 月× 日，有限公司就上述事项在北京市工商行政管理局办理了工商变更登记手续。

5. 2008年×月×日，×××等与×××分别签订了《股权转让协议》，约定×××将其持有的公司×%的股权全部转让给×××，×××将其持有的公司×%的股权全部转让给×××。

2008年× 月× 日，有限公司股东会决议，股东一致同意上述股权转让行为，同时修改公司章程。

2008年× 月× 日，有限公司就上述事项在北京市工商行政管理局办理了工商变更登记手续。

6. 2008年×月×日，有限公司股东会会议决议，一致同意公司由有限责任公司整体变更为股份有限公司。

根据××会计师事务所有限责任公司出具的××审字（2008）第×号《审计报告》(审计基准日为2008年×月×日)，有限公司经审计的账面净资产值为（ ）元；根据××资产评估有限责任公司出具的××评报字（2008）第×号《资产评估报告》(评估基准日为2008年×月×日)，有限公司经评估的账面净资产值为（ ）元。

2008年×月×日，××会计师事务所有限责任公司出具了××验字（2008）第×号《验资报告》，验证截至2008年×月×日，公司已收到全体股东缴纳的注册资本合计人民币（ ）元。原有限责任公司2008年×月×日经审计的净资产为（ ）元，2008年×月×日经评估的净资产为（ ）元，各股东以经审计的净资产折合股本，共计折合注册资本（ ）股，每股面值1元，净资产大于注册资本部分计入股份有限公司资本公积金。

2008年×月×日，××××股份有限公司创立大会暨首届股东大会决议，通过了公司章程，选举了公司第一届董事会和第一届监事会。

2008年× 月× 日，公司在北京市工商行政管理局办理了工商变更登记手续，取得了注册号为×××××的《企业法人营业执照》。

股份公司股东及持股情况如下：(略)

综上，公司的股份发行和转让行为基本上按照《公司法》和《公司章程》的规定规范运作，并依法履行了股东会决议、验资、评估、工商变更登记等程序，满足“股份发行和转让行为合法合规”的要求。

（五）公司属于经北京市政府确认的股份报价转让试点企业

根据《中关村科技园区非上市股份有限公司申请股份报价转让试点资格确认办法》的规定和公司2008年× 月× 日召开的股份有限公司创立大会暨首届股东大会决议，公司向北京市中关村科技园区管委会递交了公司在代办股份转让系统挂牌进行股份报价转让的申请，北京市中关村科技园区管委会于2009年× 月× 日下达了中科园函〔2009〕× 号《关于同意××××股份有限公司申请进入证券公司代办股份转让系统进行股份报价转让试点的函》，确认公司具备股份报价转让试点企业资格。

公司2009年× 月× 日召开的2009年度股东大会作出决议，同意创立大会做出的有关申请在代办股份转让系统挂牌的决议继续有效。

因此，公司满足“属于经北京市政府确认的股份报价转让试点企业”的要求。

综上，我公司认为××××符合《证券公司代办股份转让系统中关村科技园区非上市股份有限公司股份报价转让试点办法（暂行)》第九条规定的挂牌要求，特推荐××××在代办股份转让系统挂牌。

四、提请投资者关注的事项

公司所处行业及其自身特点决定了公司在生产经营过程中存在一定的风险。我公司提示投资者应对公司重大事项以及可能出现的重大风险

予以充分的关注：

（一）全体股东所持股份自愿锁定情况

公司全体股东所持股份，目前仅适用董事、监事、高级管理人员所持股份的限售规定，其他限售规定均不适用。对投资者而言存在公司股东转让股份套现风险。为保护投资者利益，公司全体股东均已出具承诺函，承诺其所持全部股份自愿适用和遵守《证券公司代办股份转让系统中关村科技园区非上市股份有限公司股份报价转让试点办法（暂行）》第十五条关于控股股东及实际控制人所持股份分批限售的规定。

（二）行业竞争风险

目前，我国××行业集中度不高，市场竞争充分。一般情况下，行业内的国有企业都将市场定位为大型生产线，但随着整个市场竞争程度的不断加剧，产品利润空间逐渐被压缩，部分国有企业可能会将目标市场转向中型生产线，从而导致公司所处的中型生产线市场竞争加剧。

（三）应收账款及存货减值风险

截至2010年×月×日，公司应收账款余额为（ ）万元，占总资产的比例为×%，应收账款账龄如下：1年以内的占×%，1～2年的占×%，2～3年的占×%，3年以上的占×%。截至2009年×月×日，公司应收账款余额为（ ）万元，占总资产的比例为×%，应收账款账龄如下：1年以内的占×%，1～2年的占×%，2～3年占×%，3年以上的占×%。

公司客户主要为私营企业，虽然从货物运抵客户公司至安装调试验收合格，施工现场均有公司员工与客户沟通联系，但仍存在发生坏账的风险。

截至2010年×月×日，公司存货余额为（ ）万元，占总资产的比例为×%，其中原材料和低值易耗品合计（ ）万元，账龄如下：1年以内的占×%，1～2年的占×%，2～3年的占×%，3年以上的占×%。截至2009年×月×日，公司存货余额为（ ）万元，占总资产的比例为×%。

由于产品的定制性，客户一旦退货，将导致部分存货无法使用，可能会产生存货减值或损失风险，从而影响公司利润。

（四）无形资产减值风险

2008年×月×日，股东以共同拥有的“××”及“××”非专利技术增资，委托××资产评估有限责任公司进行了评估，评估基准日为2007年×月×日，评估方法为现值收益法。评估时，××资产评估有限责任公司基于对经济形势看好的基础，预测公司未来五年收入水平较高。但自2008年下半年起至2009年，公司受金融危机影响较大，收入未能达到预测水平。2010年开始行业有明显复苏迹象，公司业务明显好转。2010年公司新签订项目合同总额为×亿元，实现收入超过×亿元；

2011年初业务势头良好，仅1月份公司新签合同额×亿元，预计2011年收入将延续2010年增长势头，将不低于×亿元。截至2011年1月末，公司累计尚未完成项目总额超过×亿元。2010、2011年公司收入接近或将达到评估预测水平。公司认为评估时公司及评估机构均无法预见到金融危机爆发，但从2010年收入和预计的2011年收入看，评估收入预测值及评估结果基本是合理的。出于谨慎原则，公司提醒投资者注意，如果2011年之后无形资产带来的收益达不到评估时的预测值且差距较大，则公司将对两项非专利技术计提减值准备。

（五）税收优惠风险

公司享受国家级高新技术园区高新技术企业所得税优惠政策，适用15%的所得税优惠税率，自开办之日起所得税三免三减半。2006年度、2007年度及2008年度所得税处于减半期。

2008年1月1日，新所得税法实施。国家税务总局国税函［2009］203号《关于实施高新技术企业所得税优惠有关问题的通知》规定：“原依法享受企业所得税定期减免税优惠尚未期满同时符合本通知第一条规定条件的高新技术企业，根据《高新技术企业认定管理办法》以及《科学技术部、财政部、国家税务总局关于印发〈高新技术企业认定管理工作指引〉的通知》（国科发火〔2008〕362号）的相关规定，在按照新标准取得认定机构颁发的高新技术企业资格证书之后，可以在

2008年1月1日后，享受对尚未到期的定期减免税优惠执行到期满的过渡政策。”

2008年×月×日，公司按照《高新技术企业认定管理办法》的规定取得了高新技术企业证书。2009年×月×日，经北京经济技术开发区国家税务局第一税务所［××］“企业所得税减免税备案登记书”确认，公司“2008年1月1日至2008年12月31日将按7.5％征收企业所得税，2009年1月1日起按15％征收企业所得税。”公司2008年度按照7.5％税率交纳所得税（　）元。

2010年4月21日，国家税务总局发布了国税函［2010］157号《关于进一步明确企业所得税过渡期优惠政策执行口径问题的通知》，根据该文件：“居民企业被认定为高新技术企业，同时又处于《国务院关于实施企业所得税过渡优惠政策的通知》（国发［2007］39号）第一条第三款规定享受企业所得税‘两免三减半’、‘五免五减半’等定期减免税优惠过渡期的，该居民企业的所得税适用税率可以选择依照过渡期适用税率并适用减半征税至期满，或者选择适用高新技术企业的15％税率，但不能享受15％税率的减半征税。”

国税函［2010］157号颁布后，对于2008年已执行15％税率减半征税的如何处理，税务主管部门尚未做出规定。如果税务主管部门要求按照12.5％或15％的税率补缴2008年度税款，则本公司将按要求补缴税款。

此外，未来国家关于高新技术企业税收政策若发生进一步变化，也可能对公司业绩产生一定影响。

7　挂牌备案文件的制作与备案

7.1　备案文件的基本要求

根据《主办券商推荐中关村科技园区非上市股份有限公司股份进入证券公司代办股份转让系统挂牌备案文件内容与格式指引》的要求，主办券商向中国证券业协会推荐公司股份进入证券公司代办股份转让系统挂牌，应按该指引的要求制作和报送备案文件。

备案文件应包括两个部分，即要求披露的文件和不要求披露的文件。

备案文件一经受理，非经协会同意，不得增加、撤回或更换。如需撤回，主办券商应提交书面申请。

主办券商、公司及负责出具专业意见的注册会计师等应审慎对待所申报的材料及所出具的意见。主办券商、公司全体董事、相关中介机构以及各自相关责任人应按要求在所提供的有关文件上发表声明，确保备案文件的真实性、准确性和完整性。

备案文件应为原件，如不能提供原件的，应由律师提供鉴证意见，或由出文单位盖章，以保证与原件一致。

备案文件的纸张应采用幅面为 209×295 毫米规格的纸张（相当于标准 A4 纸张规格），双面印刷（需提供原件的历史文件除外）。

备案文件的封面和侧面应标有“推荐××公司股份挂牌备案文件”字样并标明主办券商名称。

备案文件的扉页应标明主办券商主管领导、项目负责人，公司法定代表人、信息披露负责人，以及相关中介机构项目负责人姓名、电话、传真等联系方式。

主办券商在每次报送书面文件的同时，应报送一份与书面文件一致的电子文件。

附录　推荐挂牌备案文件目录

第一部分　要求披露的文件

第一章　股份报价转让说明书及推荐报告

1—1　股份报价转让说明书

1—1—1　附录一：公司章程

1—1—2　附录二：审计报告

1—1—3　附录三：法律意见书（如有）

1—1—4　附录四：北京市人民政府出具的公司股份报价转让试点资格确认函

1—2　推荐报告

第二部分　不要求披露的文件

第二章　股份报价转让申请文件

2—1　公司及其股东对北京市人民政府的承诺书

2—2　公司向主办券商申请股份报价转让的文件

2—3　公司董事会、股东大会有关股份报价转让的决议及股东大会授权董事会处理有关事宜的决议

2—4　公司企业法人营业执照

2—5　公司股东名册及股东身份证明文件

2—6　公司董事、监事、高级管理人员名单及其持股情况

2—7　主办券商和公司签订的推荐挂牌协议

第三章　其他相关文件

3—1　尽职调查报告

3—1—1　尽职调查工作底稿

3—2　内核意见

3—2—1　内核机构成员审核工作底稿

3—2—2　内核会议记录

3—2—3　内核专员对内核会议落实情况的补充审核意见

3—3　主办券商推荐备案内部核查表

3—4　主办券商自律说明书

3—5　公司全体董事、主办券商及相关中介机构对备案文件真实性、准确性和完整性的承诺书

3—6　相关中介机构对纳入股份报价转让说明书的由其出具的专业报告或意见无异议的函

3—7　主办券商业务资格证书、注册会计师及所在机构的执业证书复印件，该复印件需由该机构盖章确认并说明用途

3—8　主办券商对推荐挂牌备案文件电子文件与书面文件保持一致的声明

7.2　股份报价转让说明书

股份报价转让说明书是最基本、最重要的备案文件，属于要求披露的重要文件，也是投资者获取挂牌公司信息，据以作出投资决策的最重要的参考文件。严格按照相关规定制作和披露股份报价转让说明书，是挂牌公司和主办券商的重要责任。

附录　股份报价转让说明书必备内容

目录

释义：对可能造成投资者理解障碍及有特定含义的术语作出解释。

一、声明

本公司董事会已批准本股份报价转让说明书，全体董事承诺其中不存在任何虚假记载、误导性陈述或重大遗漏，并对其真实性、准确性、完整性承担个别和连带的法律责任。

二、风险及重大事项提示

对公司生产经营状况、财务状况和持续经营能力有严重不利影响的风险因素，以及可能影响投资者决策的重大事项。

三、批准试点和推荐备案情况

（一）北京市人民政府批准公司进行股份报价转让试点情况；

（二）主办券商推荐及协会备案情况。

四、股份挂牌情况

（一）股份代码、股份简称、挂牌日期；

（二）公司股份总额及分批进入代办股份转让系统转让时间和数量；挂牌时有可报价转让股份的，以表格形式按持股数量顺序列示股东名称、持股数量、本次可进入代办股份转让系统报价转让数量、质押或冻结等转让受限的情况。

五、公司基本情况

（一）基本情况：中英文名称、注册资本、法定代表人、设立日期、住所、电话、传真、电子邮箱、信息披露负责人、所属行业、经营范围、主营业务；

（二）历史沿革：公司设立情况、股本形成及其变化情况，包括设立时及股本变化时的出资形式、验资情况、工商变更登记情况等；

（三）主要股东情况：控股股东、实际控制人基本情况，前十名股东及其持股数量、相互间的关联关系等；

（四）员工情况：员工人数、专业结构、教育程度、年龄分布等；

（五）组织结构：采用方框图或其他有效形式，披露公司主要股东、实际控制人，控股股东、实际控制人所控制的其他企业，公司对外投资形成的子公司、参股公司及合营企业，以及其他有重要影响的关联方等；

（六）内部组织结构：以结构图形式披露各主要职能部门、业务或事业部、各分公司或生产车间等。

六、公司董事、监事、高级管理人员及核心技术人员

（一）董事、监事、高级管理人员及核心技术人员基本情况：姓名、性别、年龄、国籍及境外永久居留权、学历、职称、主要业务经历、曾经担任的重要职务及任期、现任职务及任期等；

（二）公司与其董事、监事、高级管理人员及核心技术人员签订的协议，如借款、担保协议等，以及为稳定上述人员已采取或拟采取的措施；

（三）董事、监事、高级管理人员及核心技术人员持股情况。

七、公司业务和技术情况

（一）业务情况：主营业务、主要产品（或服务）、经营模式；

（二）主要产品的技术含量、可替代性；

（三）所处行业基本情况：行业竞争格局，行业内的主要企业及其市场份额，进入本行业的主要障碍，市场供求状况及变动原因，影响行业发展的有利和不利因素，行业周期性、季节性、区域性特征等；

（四）公司面临的主要竞争状况：公司在行业中的竞争地位、自身竞争优势及劣势，以及采取的竞争策略和应对措施等；

（五）知识产权和非专利技术：名称、取得方式和时间、权属和使用情况、存在纠纷情况以及知识产权的保护状况和剩余保护期限等；

（六）核心技术来源和取得方式、自主技术占核心技术的比重、核心技术所有权情况及其在国内外同行业的先进性等；

（七）研究开发情况：研究开发机构的设置、人员情况、研发费用占主营业务收入的比重等；

（八）前五名主要供应商及客户情况：向前五名供应商合计采购额占当期采购总额的比例，对前五名客户合计销售额占当期销售总额的比

例；单一采购额或销售额超过当期采购总额或销售总额50%的供应商或客户的名称、采购或销售金额及比例；董事、监事、高级管理人员和核心技术人员、主要关联方或持有公司5%以上股份的股东在上述供应商或客户中所占的权益。

八、公司业务发展目标及其风险因素

（一）未来两年内的发展计划：发展战略、整体经营目标及主要业务的经营目标、产品开发计划、市场开发与营销网络建设计划等；

（二）可能对其业绩和持续经营产生不利影响的所有因素，特别是业务、市场营销、技术、财务、管理、发展前景等方面存在的困难、障碍，或有损失和政策性风险，以及公司相应的风险对策或措施。

九、公司治理

（一）公司管理层关于公司治理情况的说明：关于股东大会、董事会、监事会制度的建立健全及运行情况的自我评估意见；关于上述机构和相关人员履行职责情况的说明；是否存在资金被控股股东、实际控制人及其控制的其他企业占用，或者为控股股东、实际控制人及其控制的其他企业担保的情况；实际运作中存在缺陷的，应予披露并说明改进措施；

（二）公司对外担保、重大投资、委托理财、关联方交易等重要事项决策和执行情况；

（三）同业竞争情况：是否存在与控股股东、实际控制人及其控制的其他企业从事相同、相似业务情况；如存在相同、相似业务的，对是否存在同业竞争作出合理解释；公司为避免同业竞争采取的措施；

（四）公司最近两年存在的违法违规及受处罚情况；

（五）公司管理层的诚信状况：公司董事、监事、高级管理人员最近两年内是否因违反国家法律、行政法规、部门规章、自律规则等受到刑事、民事、行政处罚或纪律处分；是否存在因涉嫌违法违规行为处于调查之中尚无定论的情形；最近两年内是否对所任职（包括现任职和曾任职）的公司因重大违法违规行为而被处罚负有责任；是否存在个人负有数额较大债务到期未清偿的情形；是否有欺诈或其他不诚实行为等。

十、公司财务会计信息

（一）最近两年的审计意见和经审计的资产负债表、利润及利润分配表和现金流量表（执行新企业会计准则的公司需披露资产负债表、利润表、现金流量表和股东权益变动表）；编制合并报表的，需说明合并范围，并同时披露母公司财务报表；财务报告被出具非标准无保留审计意见的，还应披露相关事项的会计报表附注及公司董事会、监事会对审计报告涉及事项处理情况的说明；最近两年更换会计师事务所的，需披露更换会计师事务所的原因、履行审批程序情况、前后任会计师事务所的专业意见情况等；

（二）最近两年的主要财务指标：毛利率、净资产收益率（包括扣除非经常性损益后净资产收益率）、每股收益、每股净资产、每股经营活动产生的现金流量净额、资产负债率（以母公司报表为基础）、流动比率、速动比率、应收账款周转率和存货周转率；

（三）报告期利润形成的有关情况：主营业务收入的主要构成、变动趋势及原因，主要费用情况，重大投资收益和非经常性损益情况，适用的各项税率及享受的主要财政税收优惠政策等；

（四）最近一年末财务报表中主要应收款项的期末余额、净值、账龄；主要存货类别、期末余额、净值；主要固定资产类别、折旧年限、原价、净值、净额及折旧方法；主要对外投资的投资期限、初始投资额、期末投资额及会计核算方法；主要无形资产的取得方式、初始金额、摊销年限及确定依据、最近一年末的摊余价值及剩余摊销年限；主要资产减值准备的计提依据及计提情况；

（五）最近一年末重大债项；有逾期未偿还债项的，应说明其金额、利率、贷款资金用途、未按期偿还的原因、预计还款期等；

（六）报告期内各期末股东权益情况：股本、资本公积、盈余公积及未分配利润的情况；

（七）关联方、关联方关系及重大关联方交易情况，对关联方交易应披露以下内容：关联方交易的内容、数量、单价、总金额、占同类业务的比例、未结算余额及比例；是否履行了必要的审批程序；价格是否

公允；最近两年来自关联方的收入占公司主营业务收入的比例、向关联方采购额占公司采购总额的比例；最近两年关联方交易产生的利润占公司利润总额的比例；对关联方的应收款项余额占公司应收款项余额的比例、对关联方的应付款项余额占公司应付款项余额的比例；是否存在大额销售退回情况；独立董事（如有）、监事会对关联方交易合规性和公允性的意见；

（八）需提醒投资者关注财务报表附注中的期后事项、或有事项及其他重要事项；

（九）股利分配政策和最近两年分配情况；

（十）控股子公司或纳入合并报表的其他企业的基本情况：成立日期、注册资本、法定代表人、股权结构、主营业务、主要产品或服务、主要财务指标；

（十一）管理层对公司最近两年财务状况、经营成果和现金流量状况的分析：依据最近两年的财务报表，分析公司财务状况、盈利能力、偿债能力、现金流量状况的变动趋势及原因。分析不应仅限于财务因素，还应包括非财务因素。

十一、备查文件

（一）公司章程；

（二）审计报告；

（三）法律意见书（如有）；

（四）北京市人民政府出具的公司股份报价转让试点资格确认函；

（五）其他（如有）。

××××××股份有限公司董事会

××××年××月××日

7.3　公司章程

公司章程是公司内部最重要、最基本的法律文件，俗称“公司宪法”，公司、股东、高级管理人员都应严格遵守公司章程。基于公司章程所处的重要地位，《公司法》及其他相关法律法规、规章规范对公司章程作出了明确的规定，公司在制定、执行、修改公司章程的过程中，必须遵守这些规定。

公司章程是新三板挂牌公司应当披露的重要文件之一，制定和披露公司章程，是公司的重要责任。

在新三板挂牌的公司与在主板、中小板、创业板上市的公司相比，在上板条件、审核程序、信息披露、日常监管等方面都有很大的不同，对上市公司的要求比对挂牌公司的要求条件更高，程序更复杂，监管更严格。尽管挂牌公司与上市公司存在重大的差异，但是在股份转让、信息披露等方面，挂牌公司与上市公司还是具有较大的相似性，与未挂牌的公司相比，挂牌公司具有准公众公司的性质，而且，从未来的发展前景来看，挂牌公司在达到上市的条件后，也很有可能转板到中小板或创业板上市。

鉴于挂牌公司具有准公众公司的性质，也为了今后能顺利地转板上市，因此挂牌公司在公司治理等方面，应主动以更高的标准严格要求自己，而不能停留在未挂牌公司的水准上。制定完善的公司章程是实现良好的公司治理的前提，挂牌公司的公司章程决不能停留在未挂牌公司的水准，应参照《上市公司章程指引》的要求，结合挂牌公司自身的实际情况，制定科学、完善、实用并具有前瞻性的公司章程。

附录　新三板挂牌公司公司章程（参考式样）

第一章　总则

第一条　为维护公司、股东和债权人的合法权益，规范公司的组织和行为，根据《中华人民共和国公司法》（以下简称《公司法》）、《中华人民共和国证券法》（以下简称《证券法》）和其他有关规定，制订本章程。

第二条　公司系依照［法规名称］和其他有关规定成立的股份有限公司（以下简称“公司”）。

公司［设立方式］设立；在［公司登记机关所在地名］工商行政管理局注册登记，取得营业执照，营业执照号［营业执照号码］。

注释：依法律、行政法规规定，公司设立必须报经批准的，应当说明批准机关和批准文件名称。

第三条　公司注册名称：［中文全称］

［英文全称］

第四条　公司住所：［公司住所地址全称，邮政编码］。

第五条　公司注册资本为人民币［注册资本数额］元。

注释：公司因增加或者减少注册资本而导致注册资本总额变更的，可以在股东大会通过同意增加或减少注册资本决议后，再就因此而需要修改公司章程的事项通过一项决议，并说明授权董事会具体办理注册资本的变更登记手续。

第六条　公司营业期限为［年数］或者［公司为永久存续的股份有限公司］。

第七条　［董事长或经理］为公司的法定代表人。

第八条　公司全部资产分为等额股份，股东以其认购的股份为限对公司承担责任，公司以其全部资产对公司的债务承担责任。

第九条　本公司章程自生效之日起，即成为规范公司的组织与行为、公司与股东、股东与股东之间权利义务关系的具有法律约束力的文件，对公司、股东、董事、监事、高级管理人员具有法律约束力的文件。依据本章程，股东可以起诉股东，股东可以起诉公司董事、监事、经理和其他高级管理人员，股东可以起诉公司，公司可以起诉股东、董事、监事、经理和其他高级管理人员。

第十条　本章程所称其他高级管理人员是指公司的副经理、董事会秘书、财务负责人。

注释：公司可以根据实际情况，在章程中确定属于公司高级管理人员的人员。

第二章　经营宗旨和范围

第十一条　公司的经营宗旨：[宗旨内容]

第十二条　经依法登记，公司的经营范围：[经营范围内容]

注释：公司的经营范围中属于法律、行政法规规定须经批准的项目，应当依法经过批准。

第三章　股份

第一节　股份发行

第十三条　公司的股份采取股票的形式。

第十四条　公司股份的发行，实行公开、公平、公正的原则，同种类的每一股份应当具有同等权利。

同次发行的同种类股票，每股的发行条件和价格应当相同；任何单位或者个人所认购的股份，每股应当支付相同价额。

第十五条　公司发行的股票，以人民币标明面值。

第十六条　公司发行的股份，在[证券登记机构名称]集中存管。

第十七条　公司发起人为[各发起人姓名或者名称]、认购的股份数分别为[股份数量]、出资方式和出资时间为[具体方式和时间]。

注释：已成立1年或1年以上的公司，发起人已将所持股份转让的，无需填入发起人的持股数额。

第十八条　公司股份总数为[股份数额]，公司的股本结构为：普通股[数额]股，其他种类股[数额]股。

注释：公司发行的其他种类股份，应作出说明。

第十九条　公司或公司的子公司（包括公司的附属企业）不以赠与、垫资、担保、补偿或贷款等形式，对购买或者拟购买公司股份的人提供任何资助。

第二节　股份增减和回购

第二十条　公司根据经营和发展的需要，依照法律、法规的规定，

经股东大会分别作出决议，可以采用下列方式增加资本：

（一）公开发行股份；

（二）非公开发行股份；

（三）向现有股东派送红股；

（四）以公积金转增股本；

（五）法律、行政法规规定以及行政主管部门批准的其他方式。

注释：发行可转换公司债的公司，还应当在章程中对可转换公司债的发行、转股程序和安排以及转股所导致的公司股本变更等事项作出具体规定。

第二十一条　公司可以减少注册资本。公司减少注册资本，应当按照《公司法》以及其他有关规定和本章程规定的程序办理。

第二十二条　公司在下列情况下，可以依照法律、行政法规、部门规章和本章程的规定，收购本公司的股份：

（一）减少公司注册资本；

（二）与持有本公司股票的其他公司合并；

（三）将股份奖励给本公司职工；

（四）股东因对股东大会作出的公司合并、分立决议持异议，要求公司收购其股份的。

除上述情形外，公司不进行买卖本公司股份的活动。

第二十三条　公司收购本公司股份，应当根据法律、法规或政府监管机构规定的方式进行。

第二十四条　公司因本章程第二十二条第（一）项至第（三）项的原因收购本公司股份的，应当经股东大会决议。公司依照第二十二条规定收购本公司股份后，属于第（一）项情形的，应当自收购之日起10日内注销；属于第（二）项、第（四）项情形的，应当在6个月内转让或者注销。

公司依照第二十二条第（三）项规定收购的本公司股份，将不超过本公司已发行股份总额的5%；用于收购的资金应当从公司的税后利润中支出；所收购的股份应当1年内转让给职工。

第三节　股份转让

第二十五条　公司的股份可以依法转让。

第二十六条　公司不接受本公司的股票作为质押权的标的。

第二十七条　发起人持有的本公司股份，自公司成立之日起1年内不得转让。

公司董事、监事、高级管理人员应当向公司申报所持有的本公司的股份及其变动情况，在任职期间每年转让的股份不得超过其所持有本公司股份总数的25%；所持本公司股份自公司股票上市交易之日起1年内不得转让。上述人员离职后半年内，不得转让其所持有的本公司股份。

注释：若公司章程对公司董事、监事、高级管理人员转让其所持有的本公司股份作出其他限制性规定的，应当进行说明。

第四章　股东和股东大会

第一节　股东

第二十八条　公司应建立股东名册并置备于公司，股东名册是证明股东持有公司股份的充分证据。股东按其所持有股份的种类享有权利，承担义务；持有同一种类股份的股东，享有同等权利，承担同种义务。

第二十九条　公司股东享有下列权利：

（一）依照其所持有的股份份额获得股利和其他形式的利益分配；

（二）依法请求、召集、主持、参加或者委派股东代理人参加股东大会，并行使相应的表决权；

（三）对公司的经营进行监督，提出建议或者质询；

（四）依照法律、行政法规及本章程的规定转让、赠与或质押其所持有的股份；

（五）查阅本章程、股东名册、公司债券存根、股东大会会议记录、董事会会议决议、监事会会议决议、财务会计报告；

（六）公司终止或者清算时，按其所持有的股份份额参加公司剩余

财产的分配；

（七）对股东大会作出的公司合并、分立决议持异议的股东，要求公司收购其股份；

（八）法律、行政法规、部门规章或本章程规定的其他权利。

第三十条　股东提出查阅前条所述有关信息或者索取资料的，应当向公司提供证明其持有公司股份的种类以及持股数量的书面文件，公司经核实股东身份后按照股东的要求予以提供。

第三十一条　公司股东大会、董事会决议内容违反法律、行政法规的，股东有权请求人民法院认定无效。

股东大会、董事会的会议召集程序、表决方式违反法律、行政法规或者本章程，或者决议内容违反本章程的，股东有权自决议作出之日起60日内，请求人民法院撤销。

第三十二条　董事、高级管理人员执行公司职务时违反法律、行政法规或者本章程的规定，给公司造成损失的，连续180日以上单独或合并持有公司1%以上股份的股东有权书面请求监事会向人民法院提起诉讼；监事会执行公司职务时违反法律、行政法规或者本章程的规定，给公司造成损失的，股东可以书面请求董事会向人民法院提起诉讼。

监事会、董事会收到前款规定的股东书面请求后拒绝提起诉讼，或者自收到请求之日起30日内未提起诉讼，或者情况紧急、不立即提起诉讼将会使公司利益受到难以弥补的损害的，前款规定的股东有权为了公司的利益以自己的名义直接向人民法院提起诉讼。

他人侵犯公司合法权益，给公司造成损失的，本条第一款规定的股东可以依照前两款的规定向人民法院提起诉讼。

第三十三条　董事、高级管理人员违反法律、行政法规或者本章程的规定，损害股东利益的，股东可以向人民法院提起诉讼。

第三十四条　公司股东承担下列义务：

（一）遵守法律、行政法规和本章程；

（二）依其所认购的股份和入股方式缴纳股金；

（三）除法律、法规规定的情形外，不得退股；

（四）不得滥用股东权利损害公司或者其他股东的利益；不得滥用公司法人独立地位和股东有限责任损害公司债权人的利益；

公司股东滥用股东权利给公司或者其他股东造成损失的，应当依法承担赔偿责任。

公司股东滥用公司法人独立地位和股东有限责任，逃避债务，严重损害公司债权人利益的，应当对公司债务承担连带责任。

（五）法律、行政法规及本章程规定应当承担的其他义务。

第三十五条　持有公司5%以上有表决权股份的股东，将其持有的股份进行质押的，应当自该事实发生当日，向公司作出书面报告。

第三十六条　公司的控股股东、实际控制人员不得利用其关联关系损害公司利益。违反规定的，给公司造成损失的，应当承担赔偿责任。

公司控股股东及实际控制人对公司和公司其他股东负有诚信义务。控股股东应严格依法行使出资人的权利，控股股东不得利用利润分配、资产重组、对外投资、资金占用、借款担保等方式损害公司和其他股东的合法权益，不得利用其控制地位损害公司和其他股东的利益。

第二节　股东大会的一般规定

第三十七条　股东大会是公司的权力机构，依法行使下列职权：

（一）决定公司的经营方针和投资计划；

（二）选举和更换非由职工代表担任的董事、监事，决定有关董事、监事的报酬事项；

（三）审议批准董事会的报告；

（四）审议批准监事会报告；

（五）审议批准公司的年度财务预算方案、决算方案；

（六）审议批准公司的利润分配方案和弥补亏损方案；

（七）对公司增加或者减少注册资本作出决议；

（八）对发行公司债券作出决议；

（九）对公司合并、分立、解散、清算或者变更公司形式作出决议；

（十）修改本章程；

（十一）对公司聘用、解聘会计师事务所作出决议；

（十二）审议批准第三十八条规定的担保事项；

（十三）审议公司在一年内购买、出售重大资产超过公司最近一期经审计总资产30%的事项；

（十四）审议批准变更募集资金用途事项；

（十五）审议股权激励计划；

（十六）审议法律、行政法规、部门规章或本章程规定应当由股东大会决定的其他事项。

注释：上述股东大会的职权不得通过授权的形式由董事会或其他机构和个人代为行使。

第三十八条　公司下列对外担保行为，须经股东大会审议通过。

（一）本公司及本公司控股子公司的对外担保总额，达到或超过最近一期经审计净资产的50%以后提供的任何担保；

（二）公司的对外担保总额，达到或超过最近一期经审计总资产的30%以后提供的任何担保；

（三）为资产负债率超过70%的担保对象提供的担保；

（四）单笔担保额超过最近一期经审计净资产10%的担保；

（五）对股东、实际控制人及其关联方提供的担保。

第三十九条　股东大会分为年度股东大会和临时股东大会。年度股东大会每年召开1次，应当于上一会计年度结束后的6个月内举行。

第四十条　有下列情形之一的，公司在事实发生之日起2个月以内召开临时股东大会：

（一）董事人数不足《公司法》规定人数或者本章程所定人数的2/3时；

（二）公司未弥补的亏损达实收股本总额1/3时；

（三）单独或者合计持有公司10%以上股份的股东请求时；

（四）董事会认为必要时；

（五）监事会提议召开时；

（六）法律、行政法规、部门规章或本章程规定的其他情形。

注释：公司应当在章程中确定本条第（一）项的具体人数。

第四十一条　本公司召开股东大会的地点为：[具体地点]。

股东大会将设置会场，以现场会议形式召开。公司还将提供［网络或其他方式］为股东参加股东大会提供便利。股东通过上述方式参加股东大会的，视为出席。

注释：公司章程可以规定召开股东大会的地点为公司住所地或其他明确地点。召开股东大会公司采用其他参加股东大会方式的，必须在公司章程中予以明确，并明确合法有效的股东身份确认方式。

第四十二条　本公司召开股东大会时将聘请律师对以下问题出具法律意见并公告：

（一）会议的召集、召开程序是否符合法律、行政法规、本章程；

（二）出席会议人员的资格、召集人资格是否合法有效；

（三）会议的表决程序、表决结果是否合法有效；

（四）应本公司要求对其他有关问题出具的法律意见。

第三节　股东大会的召集

第四十三条　独立董事有权向董事会提议召开临时股东大会。对独立董事要求召开临时股东大会的提议，董事会应当根据法律、行政法规和本章程的规定，在收到提议后10日内提出同意或不同意召开临时股东大会的书面反馈意见。

董事会同意召开临时股东大会的，将在作出董事会决议后的5日内发出召开股东大会的通知；董事会不同意召开临时股东大会的，将说明理由并公告。

第四十四条　监事会有权向董事会提议召开临时股东大会，并应当以书面形式向董事会提出。董事会应当根据法律、行政法规和本章程的规定，在收到提案后10日内提出同意或不同意召开临时股东大会的书面反馈意见。

董事会同意召开临时股东大会的，将在作出董事会决议后的5日内发出召开股东大会的通知，通知中对原提议的变更，应征得监事会的同意。

董事会不同意召开临时股东大会，或者在收到提案后10日内未作

出反馈的，视为董事会不能履行或者不履行召集股东大会会议职责，监事会可以自行召集和主持。

第四十五条　单独或者合计持有公司10%以上股份的股东有权向董事会请求召开临时股东大会，并应当以书面形式向董事会提出。董事会应当根据法律、行政法规和本章程的规定，在收到请求后10日内提出同意或不同意召开临时股东大会的书面反馈意见。

董事会同意召开临时股东大会的，应当在作出董事会决议后的5日内发出召开股东大会的通知，通知中对原请求的变更，应当征得相关股东的同意。

董事会不同意召开临时股东大会，或者在收到请求后10日内未作出反馈的，单独或者合计持有公司10%以上股份的股东有权向监事会提议召开临时股东大会，并应当以书面形式向监事会提出请求。

监事会同意召开临时股东大会的，应在收到请求5日内发出召开股东大会的通知，通知中对原提案的变更，应当征得相关股东的同意。

监事会未在规定期限内发出股东大会通知的，视为监事会不召集和主持股东大会，连续90日以上单独或者合计持有公司10%以上股份的股东可以自行召集和主持。

第四十六条　监事会或股东决定自行召集股东大会的，须书面通知董事会。

在股东大会决议公告前，召集股东持股比例不得低于10%。

第四十七条　对于监事会或股东自行召集的股东大会，董事会和董事会秘书将予以配合。董事会应当提供股权登记日的股东名册。

第四十八条　监事会或股东自行召集的股东大会，会议所必需的费用由本公司承担。

第四节　股东大会的提案与通知

第四十九条　提案的内容应当属于股东大会职权范围，有明确议题和具体决议事项，并且符合法律、行政法规和本章程的有关规定。

第五十条　公司召开股东大会，董事会、监事会以及单独或者合并持有公司3%以上股份的股东，有权向公司提出提案。

单独或者合计持有公司3%以上股份的股东，可以在股东大会召开10日前提出临时提案并书面提交召集人。召集人应当在收到提案后2日内发出股东大会补充通知，公告临时提案的内容。

除前款规定的情形外，召集人在发出股东大会通知公告后，不得修改股东大会通知中已列明的提案或增加新的提案。

股东大会通知中未列明或不符合本章程第四十九条规定的提案，股东大会不得进行表决并作出决议。

第五十一条　召集人将在年度股东大会召开20日前以公告方式通知各股东，临时股东大会将于会议召开15日前以公告方式通知各股东。

注释：公司在计算起始期限时，不应当包括会议召开当日。

公司可以根据实际情况，决定是否在章程中规定催告程序。

第五十二条　股东大会的通知包括以下内容：

（一）会议的时间、地点和会议期限；

（二）提交会议审议的事项和提案；

（三）以明显的文字说明：全体股东均有权出席股东大会，并可以书面委托代理人出席会议和参加表决，该股东代理人不必是公司的股东；

（四）会务常设联系人姓名，电话号码。

第五十三条　股东大会拟讨论董事、监事选举事项的，股东大会通知中将充分披露董事、监事候选人的详细资料，至少包括以下内容：

（一）教育背景、工作经历、兼职等个人情况；

（二）与本公司或本公司的控股股东及实际控制人是否存在关联关系；

（三）披露持有本公司股份数量；

（四）是否受过中国证监会及其他有关部门的处罚和证券交易所惩戒。

除采取累积投票制选举董事、监事外，每位董事、监事候选人应当以单项提案提出。

第五十四条　发出股东大会通知后，无正当理由，股东大会不应延

期或取消，股东大会通知中列明的提案不应取消。一旦出现延期或取消的情形，召集人应当在原定召开日前至少2个工作日公告并说明原因。

第五节　股东大会的召开

第五十五条　本公司董事会和其他召集人将采取必要措施，保证股东大会的正常秩序。对于干扰股东大会、寻衅滋事和侵犯股东合法权益的行为，将采取措施加以制止并及时报告有关部门查处。

第五十六条　公司所有股东或其代理人，均有权出席股东大会。并依照有关法律、法规及本章程行使表决权。

股东可以亲自出席股东大会，也可以委托代理人代为出席和表决。

第五十七条　个人股东亲自出席会议的，应出示本人身份证或其他能够表明其身份的有效证件或证明；委托代理他人出席会议的，应出示本人有效身份证件、股东授权委托书。

法人股东应由法定代表人或者法定代表人委托的代理人出席会议。法定代表人出席会议的，应出示本人身份证、能证明其具有法定代表人资格的有效证明；委托代理人出席会议的，代理人应出示本人身份证、法人股东单位的法定代表人依法出具的书面授权委托书。

第五十八条　股东出具的委托他人出席股东大会的授权委托书应当载明下列内容：

（一）代理人的姓名；

（二）是否具有表决权；

（三）分别对列入股东大会议程的每一审议事项投赞成、反对或弃权票的指示；

（四）委托书签发日期和有效期限；

（五）委托人签名（或盖章）。委托人为法人股东的，应加盖法人单位印章。

第五十九条　委托书应当注明如果股东不作具体指示，股东代理人是否可以按自己的意思表决。

第六十条　代理投票授权委托书由委托人授权他人签署的，授权签署的授权书或者其他授权文件应当经过公证。经公证的授权书或者其他授权文件，和投票代理委托书均需备置于公司住所或者召集会议的通知中指定的其他地方。

委托人为法人的，由其法定代表人或者董事会、其他决策机构决议授权的人作为代表出席公司的股东大会。

第六十一条　出席会议人员的会议登记册由公司负责制作。会议登记册载明参加会议人员姓名（或单位名称）、身份证号码、住所地址、持有或者代表有表决权的股份数额、被代理人姓名（或单位名称）等事项。

第六十二条　召集人和公司聘请的律师将依据证券登记结算机构提供的股东名册共同对股东资格的合法性进行验证，并登记股东姓名（或名称）及其所持有表决权的股份数。在会议主持人宣布现场出席会议的股东和代理人人数及所持有表决权的股份总数之前，会议登记应当终止。

第六十三条　股东大会召开时，本公司全体董事、监事和董事会秘书应当出席会议，经理和其他高级管理人员应当列席会议。

第六十四条　股东大会由董事长主持。董事长不能履行职务或不履行职务时，由副董事长（公司有两位或两位以上副董事长的，由半数以上董事共同推举的副董事长主持）主持，副董事长不能履行职务或者不履行职务时，由半数以上董事共同推举的一名董事主持。

监事会自行召集的股东大会，由监事会主席主持。监事会主席不能履行职务或不履行职务时，由监事会副主席主持，监事会副主席不能履行职务或者不履行职务时，由半数以上监事共同推举的一名监事主持。

股东自行召集的股东大会，由召集人推举代表主持。

召开股东大会时，会议主持人违反议事规则使股东大会无法继续进行的，经现场出席股东大会有表决权过半数的股东同意，股东大会可推举一人担任会议主持人，继续开会。

第六十五条　公司制定股东大会议事规则，详细规定股东大会的召开和表决程序，包括通知、登记、提案的审议、投票、计票、表决结果的宣布、会议决议的形成、会议记录及其签署、公告等内容，以及股东

大会对董事会的授权原则，授权内容应明确具体。股东大会议事规则应作为章程的附件，由董事会拟定，股东大会批准。

第六十六条　在年度股东大会上，董事会、监事会应当就其过去一年的工作向股东大会作出报告。每名独立董事也应作出述职报告。

第六十七条　董事、监事、高级管理人员在股东大会上就股东的质询和建议作出解释和说明。

第六十八条　会议主持人应当在表决前宣布现场出席会议的股东和代理人人数及所持有表决权的股份总数，现场出席会议的股东和代理人人数及所持有表决权的股份总数以会议登记为准。

第六十九条　股东大会应有会议记录，由董事会秘书负责。会议记录记载以下内容：

（一）会议时间、地点、议程和召集人姓名或名称；

（二）会议主持人以及出席或列席会议的董事、监事、经理和其他高级管理人员姓名；

（三）出席会议的股东和代理人人数、所持有表决权的股份总数及占公司股份总数的比例；

（四）对每一提案的审议经过、发言要点和表决结果；

（五）股东的质询意见或建议以及相应的答复或说明；

（六）律师及计票人、监票人姓名；

（七）本章程规定应当载入会议记录的其他内容。

公司应当根据实际情况，在章程中规定股东大会会议记录需要记载的其他内容。

第七十条　召集人应当保证会议记录内容真实、准确和完整。出席会议的董事、监事、董事会秘书、召集人或其代表、会议主持人应当在会议记录上签名。会议记录应当与现场出席股东的签名册及代理出席的委托书、网络及其他方式表决情况的有效资料一并保存，保存期限不少于10年。

注释：公司应当根据具体情况，在章程中规定股东大会会议记录的保管期限。

第七十一条　召集人应当保证股东大会连续举行，直至形成最终决议。因不可抗力等特殊原因导致股东大会中止或不能作出决议的，应采取必要措施尽快恢复召开股东大会或直接终止本次股东大会，并及时公告。

第六节　股东大会的表决和决议

第七十二条　股东大会决议分为普通决议和特别决议。

股东大会作出普通决议，应当由出席股东大会的股东（包括股东代理人）所持表决权的1/2以上通过。

股东大会作出特别决议，应当由出席股东大会的股东（包括股东代理人）所持表决权的2/3以上通过。

第七十三条　下列事项由股东大会以普通决议通过：

（一）董事会和监事会的工作报告；

（二）董事会拟定的利润分配方案和弥补亏损方案；

（三）董事会和监事会成员的任免及其报酬和支付方法；

（四）公司年度预算方案、决算方案；

（五）公司年度报告；

（六）除法律、行政法规规定或者本章程规定应当以特别决议通过以外的其他事项。

第七十四条　下列事项由股东大会以特别决议通过：

（一）公司增加或者减少注册资本；

（二）公司的分立、合并、解散和清算；

（三）本章程的修改；

（四）公司在一年内购买、出售重大资产或者担保金额超过公司最近一期经审计总资产30%的；

（五）股权激励计划；

（六）法律、行政法规或本章程规定的，以及股东大会以普通决议认定会对公司产生重大影响的、需要以特别决议通过的其他事项。

第七十五条　股东（包括股东代理人）以其所代表的有表决权的股份数额行使表决权，每一股份享有一票表决权。

公司持有的本公司股份没有表决权，且该部分股份不计入出席股东大会有表决权的股份总数。

董事会、独立董事和符合相关规定条件的股东可以征集股东投票权。

注释：若公司有发行在外的其他股份，应当说明是否享有表决权。

第七十六条　股东大会审议有关关联交易事项时，关联股东不应当参与投票表决，其所代表的有表决权的股份数不计入有效表决总数；股东大会决议的公告应当充分披露非关联股东的表决情况。

注释：公司应当根据具体情况，在章程中制订有关联关系股东的回避和表决程序。

第七十七条　公司应在保证股东大会合法、有效的前提下，通过各种方式和途径，包括提供网络形式的投票平台等现代信息技术手段，为股东参加股东大会提供便利。

第七十八条　除公司处于危机等特殊情况外，非经股东大会以特别决议批准，公司将不与董事、经理和其他高级管理人员以外的人订立将公司全部或者重要业务的管理交予该人负责的合同。

第七十九条　董事、监事候选人名单以提案的方式提请股东大会表决。

股东大会就选举董事、监事进行表决时，根据本章程的规定或者股东大会的决议，可以实行累积投票制。

前款所称累积投票制是指股东大会选举董事或者监事时，每一股份拥有与应选董事或者监事人数相同的表决权，股东拥有的表决权可以集中使用。董事会应当向股东公告候选董事、监事的简历和基本情况。

注释：公司应当在章程中规定董事、监事提名的方式和程序，以及累积投票制的相关事宜。

第八十条　除累积投票制外，股东大会将对所有提案进行逐项表决，对同一事项有不同提案的，将按提案提出的时间顺序进行表决。除因不可抗力等特殊原因导致股东大会中止或不能作出决议外，股东大会将不会对提案进行搁置或不予表决。

第八十一条　股东大会审议提案时，不会对提案进行修改，否则，有关变更应当被视为一个新的提案，不能在本次股东大会上进行表决。

第八十二条　同一表决权只能选择现场、网络或其他表决方式中的一种。同一表决权出现重复表决的以第一次投票结果为准。

第八十三条　股东大会采取记名方式投票表决。

第八十四条　股东大会对提案进行表决前，应当推举两名股东代表参加计票和监票。审议事项与股东有利害关系的，相关股东及代理人不得参加计票、监票。

股东大会对提案进行表决时，应当由律师、股东代表与监事代表共同负责计票、监票，并当场公布表决结果，决议的表决结果载入会议记录。

通过网络或其他方式投票的上市公司股东或其代理人，有权通过相应的投票系统查验自己的投票结果。

第八十五条　股东大会现场结束时间不得早于网络或其他方式，会议主持人应当宣布每一提案的表决情况和结果，并根据表决结果宣布提案是否通过。

在正式公布表决结果前，股东大会现场、网络及其他表决方式中所涉及的上市公司、计票人、监票人、主要股东、网络服务方等相关各方对表决情况均负有保密义务。

第八十六条　出席股东大会的股东，应当对提交表决的提案发表以下意见之一：同意、反对或弃权。

未填、错填、字迹无法辨认的表决票、未投的表决票均视为投票人放弃表决权利，其所持股份数的表决结果应计为“弃权”。

第八十七条　会议主持人如果对提交表决的决议结果有任何怀疑，可以对所投票数组织点票；如果会议主持人未进行点票，出席会议的股东或者股东代理人对会议主持人宣布结果有异议的，有权在宣布表决结果后立即要求点票，会议主持人应当立即组织点票。

第八十八条　股东大会决议应当及时公告，公告中应列明出席会议的股东和代理人人数、所持有表决权的股份总数及占公司有表决权股份总数的比例、表决方式、每项提案的表决结果和通过的各项决议的详细内容。

第八十九条　提案未获通过，或者本次股东大会变更前次股东大会决议的，应当在股东大会决议公告中作特别提示。

第九十条　股东大会通过有关董事、监事选举提案的，新任董事、监事就任时间在［**就任时间**］

注释：新任董事、监事就任时间确认方式应在公司章程中予以明确。

第九十一条　股东大会通过有关派现、送股或资本公积转增股本提案的，公司将在股东大会结束后2个月内实施具体方案。

第五章　董事会

第一节　董事

第九十二条　公司董事为自然人，有下列情形之一的，不能担任公司的董事：

（一）无民事行为能力或者限制民事行为能力；

（二）因贪污、贿赂、侵占财产、挪用财产或者破坏社会主义市场经济秩序，被判处刑罚，执行期满未逾5年，或者因犯罪被剥夺政治权利，执行期满未逾5年；

（三）担任破产清算的公司、企业的董事或者厂长、经理，对该公司、企业的破产负有个人责任的，自该公司、企业破产清算完结之日起未逾3年；

（四）担任因违法被吊销营业执照、责令关闭的公司、企业的法定代表人，并负有个人责任的，自该公司、企业被吊销营业执照之日起未逾3年；

（五）个人所负数额较大的债务到期未清偿；

（六）被中国证监会处以证券市场禁入处罚，期限未满的；

（七）法律、行政法规或部门规章规定的其他内容。

违反本条规定选举、委派董事的，该选举、委派或者聘任无效。董事在任职期间出现本条情形的，公司解除其职务。

第九十三条　董事由股东大会选举或更换，任期［**年数**］。董事任期届满，可连选连任。董事在任期届满以前，股东大会不能无故解除其职务。

董事任期从就任之日起计算，至本届董事会任期届满时为止。董事任期届满未及时改选，在改选出的董事就任前，原董事仍应当依照法律、行政法规、部门规章和本章程的规定，履行董事职务。

董事可以由经理或者其他高级管理人员兼任，但兼任经理或者其他高级管理人员职务的董事以及由职工代表担任的董事，总计不得超过公司董事总数的1/2。

注释：公司章程应规定规范、透明的董事选聘程序。董事会成员中可以有公司职工代表，公司章程应明确本公司董事会是否可以由职工代表担任董事，以及职工代表担任董事的名额。董事会中的职工代表由公司职工通过职工代表大会、职工大会或者其他形式民主选举产生后，直接进入董事会。

第九十四条　董事应当遵守法律、行政法规和本章程，对公司负有下列忠实义务：

（一）不得利用职权收受贿赂或者其他非法收入，不得侵占公司的财产；

（二）不得挪用公司资金；

（三）不得将公司资产或者资金以其个人名义或者其他个人名义开立账户存储；

（四）不得违反本章程的规定，未经股东大会或董事会同意，将公司资金借贷给他人或者以公司财产为他人提供担保；

（五）不得违反本章程的规定或未经股东大会同意，与本公司订立合同或者进行交易；

（六）未经股东大会同意，不得利用职务便利，为自己或他人谋取本应属于公司的商业机会，自营或者为他人经营与本公司同类的业务；

（七）不得接受与公司交易的佣金归为己有；

（八）不得擅自披露公司秘密；

（九）不得利用其关联关系损害公司利益；

（十）法律、行政法规、部门规章及本章程规定的其他忠实义务。

董事违反本条规定所得的收入，应当归公司所有；给公司造成损失的，应当承担赔偿责任。

注释：除以上各项义务要求外，公司可以根据具体情况，在章程中增加对本公司董事其他义务的要求。

第九十五条　董事应当遵守法律、行政法规和本章程，对公司负有下列勤勉义务：

（一）应谨慎、认真、勤勉地行使公司赋予的权利，以保证公司的商业行为符合国家法律、行政法规以及国家各项经济政策的要求，商业活动不超过营业执照规定的业务范围；

（二）应公平对待所有股东；

（三）及时了解公司业务经营管理状况；

（四）应当对公司定期报告签署书面确认意见。保证公司所披露的信息真实、准确、完整；

（五）应当如实向监事会提供有关情况和资料，不得妨碍监事会或者监事行使职权；

（六）法律、行政法规、部门规章及本章程规定的其他勤勉义务。

注释：公司可以根据具体情况，在章程中增加对本公司董事勤勉义务的要求。

第九十六条　董事连续两次未能亲自出席，也不委托其他董事出席董事会会议，视为不能履行职责，董事会应当建议股东大会予以撤换。

第九十七条　董事可以在任期届满以前提出辞职。董事辞职应向董事会提交书面辞职报告。董事会将在2日内披露有关情况。

如因董事的辞职导致公司董事会低于法定最低人数时，在改选出的董事就任前，原董事仍应当依照法律、行政法规、部门规章和本章程规定，履行董事职务。

除前款所列情形外，董事辞职自辞职报告送达董事会时生效。

第九十八条　董事辞职生效或者任期届满，应向董事会办妥所有移交手续，其对公司和股东承担的忠实义务，在任期结束后并不当然解除，在本章程规定的合理期限内仍然有效。

注释：公司章程应规定董事辞职生效或者任期届满后承担忠实义务的具体期限。

第九十九条　未经本章程规定或者董事会的合法授权，任何董事不得以个人名义代表公司或者董事会行事。董事以其个人名义行事时，在第三方会合理地认为该董事在代表公司或者董事会行事的情况下，该董事应当事先声明其立场和身份。

第一百条　董事执行公司职务时违反法律、行政法规、部门规章或本章程的规定，给公司造成损失的，应当承担赔偿责任。

第一百零一条　独立董事应按照法律、行政法规及部门规章的有关规定执行。

第二节　董事会

第一百零二条　公司设董事会，对股东大会负责。

第一百零三条　董事会由［人数］名董事组成，设董事长1人，副董事长［人数］人。

注释：公司应当在章程中确定董事会人数。

第一百零四条　董事会行使下列职权：

（一）召集股东大会，并向股东大会报告工作；

（二）执行股东大会的决议；

（三）决定公司的经营计划和投资方案；

（四）制订公司的年度财务预算方案、决算方案；

（五）制订公司的利润分配方案和弥补亏损方案；

（六）制订公司增加或者减少注册资本、发行债券或其他证券及上市方案；

（七）拟订公司重大收购、收购本公司股票或者合并、分立、解散及变更公司形式的方案；

（八）在股东大会授权范围内，决定公司对外投资、收购出售资产、

资产抵押、对外担保事项、委托理财、关联交易等事项；

（九）决定公司内部管理机构的设置；

（十）聘任或者解聘公司经理、董事会秘书；根据经理的提名，聘任或者解聘公司副经理、财务负责人等高级管理人员，并决定其报酬事项和奖惩事项；

（十一）制订公司的基本管理制度；

（十二）制订本章程的修改方案；

（十三）管理公司信息披露事项；

（十四）向股东大会提请聘请或更换为公司审计的会计师事务所；

（十五）听取公司经理的工作汇报并检查经理的工作；

（十六）法律、行政法规、部门规章或本章程授予的其他职权。

注释：超过股东大会授权范围的事项，应当提交股东大会审议。

第一百零五条　公司董事会应当就注册会计师对公司财务报告出具的非标准审计意见向股东大会作出说明。

第一百零六条　董事会制定董事会议事规则，以确保董事会落实股东大会决议，提高工作效率，保证科学决策。

注释：该规则规定董事会的召开和表决程序，董事会议事规则应列入公司章程或作为章程的附件，由董事会拟定，股东大会批准。

第一百零七条　董事会应当确定对外投资、收购出售资产、资产抵押、对外担保事项、委托理财、关联交易的权限，建立严格的审查和决策程序；重大投资项目应当组织有关专家、专业人员进行评审，并报股东大会批准。

注释：公司董事会应当根据相关的法律、法规及公司实际情况，在章程中确定符合公司具体要求的权限范围，以及涉及资金占公司资产的具体比例。

第一百零八条　董事会设董事长 1 人，可以设副董事长。董事长和副董事长由董事会以全体董事的过半数选举产生。

第一百零九条　董事长行使下列职权：

（一）主持股东大会和召集、主持董事会会议；

（二）督促、检查董事会决议的执行；

（三）董事会授予的其他职权。

注释：董事会应谨慎授予董事长职权，例行或长期授权须在章程中明确规定。

第一百一十条　公司副董事长协助董事长工作，董事长不能履行职务或者不履行职务的，由副董事长履行职务（公司有两位或两位以上副董事长的，由半数以上董事共同推举的副董事长履行职务）；副董事长不能履行职务或者不履行职务的，由半数以上董事共同推举一名董事履行职务。

第一百一十一条　董事会每年至少召开两次会议，由董事长召集，于会议召开10日以前书面通知全体董事和监事。

第一百一十二条　代表1/10以上表决权的股东、1/3以上董事或者监事会，可以提议召开董事会临时会议。董事长应当自接到提议后10日内，召集和主持董事会会议。

第一百一十三条　董事会召开临时董事会会议的通知方式为：[具体通知方式]；通知时限为：[具体通知时限]。

第一百一十四条　董事会会议通知包括以下内容：

（一）会议日期和地点；

（二）会议期限；

（三）事由及议题；

（四）发出通知的日期。

第一百一十五条　董事会会议应有过半数的董事出席方可举行。董事会作出决议，必须经全体董事的过半数通过。

董事会决议的表决，实行一人一票。

第一百一十六条　董事与董事会会议决议事项所涉及的企业有关联关系的，不得对该项决议行使表决权，也不得代理其他董事行使表决权。该董事会会议由过半数的无关联关系董事出席即可举行，董事会会议所作决议须经无关联关系董事过半数通过。出席董事会的无关联董事人数不足3人的，应将该事项提交股东大会审议。

第一百一十七条　董事会决议表决方式为：［具体表决方式］。

董事会临时会议在保障董事充分表达意见的前提下，可以用［其他方式］进行并作出决议，并由参会董事签字。

注释：此项为选择性条款，公司可自行决定是否在其章程中予以采纳。

第一百一十八条　董事会会议，应由董事本人出席；董事因故不能出席，可以书面委托其他董事代为出席，委托书中应载明代理人的姓名，代理事项、授权范围和有效期限，并由委托人签名或盖章。代为出席会议的董事应当在授权范围内行使董事的权利。董事未出席董事会会议，亦未委托代表出席的，视为放弃在该次会议上的投票权。

第一百一十九条　董事会应当对会议所议事项的决定做成会议记录，出席会议的董事应当在会议记录上签名。

董事会会议记录作为公司档案保存，保存期限不少于10年。

注释：公司应当根据具体情况，在章程中规定会议记录的保管期限。

第一百二十条　董事会会议记录包括以下内容：

（一）会议召开的日期、地点和召集人姓名；

（二）出席董事的姓名以及受他人委托出席董事会的董事（代理人）姓名；

（三）会议议程；

（四）董事发言要点；

（五）每一决议事项的表决方式和结果（表决结果应载明赞成、反对或弃权的票数）。

第六章　经理及其他高级管理人员

第一百二十一条　公司设经理1名，由董事会聘任或解聘。

公司设副经理［人数］名，由董事会聘任或解聘。

公司经理、副经理、财务负责人、董事会秘书和［职务］为公司高级管理人员。

注释：公司可以根据具体情况，在章程中规定属于公司高级管理人员的其他人选。

第一百二十二条　本章程第九十二条关于不得担任董事的情形、同时适用于高级管理人员。

本章程第九十四条关于董事的忠实义务和第九十五条（四）～（六）关于勤勉义务的规定，同时适用于高级管理人员。

第一百二十三条　在公司控股股东、实际控制人单位担任除董事以外其他职务的人员，不得担任公司的高级管理人员。

第一百二十四条　经理每届任期［年数］年，经理连聘可以连任。

第一百二十五条　经理对董事会负责，行使下列职权：

（一）主持公司的生产经营管理工作，组织实施董事会决议，并向董事会报告工作；

（二）组织实施公司年度经营计划和投资方案；

（三）拟订公司内部管理机构设置方案；

（四）拟订公司的基本管理制度；

（五）制定公司的具体规章；

（六）提请董事会聘任或者解聘公司副经理、财务负责人；

（七）决定聘任或者解聘除应由董事会决定聘任或者解聘以外的负责管理人员；

（八）本章程或董事会授予的其他职权。

经理列席董事会会议。

注释：公司应当根据自身情况，在章程中制订符合公司实际要求的经理的职权和具体实施办法。

第一百二十六条　经理应制订经理工作细则，报董事会批准后实施。

第一百二十七条　经理工作细则包括下列内容：

（一）经理会议召开的条件、程序和参加的人员；

（二）经理及其他高级管理人员各自具体的职责及其分工；

（三）公司资金、资产运用，签订重大合同的权限，以及向董事会、监事会的报告制度；

（四）董事会认为必要的其他事项。

第一百二十八条　经理可以在任期届满以前提出辞职。有关经理辞职的具体程序和办法由经理与公司之间的劳务合同规定。

第一百二十九条　公司根据自身情况，在章程中应当规定副经理的任免程序、副经理与经理的关系，并可以规定副经理的职权。

第一百三十条　公司设董事会秘书，负责公司股东大会和董事会会议的筹备、文件保管以及公司股东资料管理，办理信息披露事务等事宜。

董事会秘书应遵守法律、行政法规、部门规章及本章程的有关规定。

第一百三十一条　高级管理人员执行公司职务时违反法律、行政法规、部门规章或本章程的规定，给公司造成损失的，应当承担赔偿责任。

第七章　监事会

第一节　监事

第一百三十二条　本章程第九十二条关于不得担任董事的情形、同时适用于监事。

董事、经理和其他高级管理人员不得兼任监事。

第一百三十三条　监事应当遵守法律、行政法规和本章程，对公司负有忠实义务和勤勉义务，不得利用职权收受贿赂或者其他非法收入，不得侵占公司的财产。

第一百三十四条　监事的任期每届为3年。监事任期届满，连选可以连任。

第一百三十五条　监事任期届满未及时改选，或者监事在任期内辞职导致监事会成员低于法定人数的，在改选出的监事就任前，原监事仍应当依照法律、行政法规和本章程的规定，履行监事职务。

第一百三十六条　监事应当保证公司披露的信息真实、准确、完整。

第一百三十七条　监事可以列席董事会会议，并对董事会决议事项提出质询或者建议。

第一百三十八条　监事不得利用其关联关系损害公司利益，若给公司造成损失的，应当承担赔偿责任。

第一百三十九条　监事执行公司职务时违反法律、行政法规、部门规章或本章程的规定，给公司造成损失的，应当承担赔偿责任。

第二节　监事会

第一百四十条　公司设监事会。监事会由［**人数**］名监事组成，监事会设主席1人，可以设副主席。监事会主席和副主席由全体监事过半数选举产生。监事会主席召集和主持监事会会议；监事会主席不能履行职务或者不履行职务的，由监事会副主席召集和主持监事会会议；监事会副主席不能履行职务或者不履行职务的，由半数以上监事共同推举一名监事召集和主持监事会会议。

监事会应当包括股东代表和适当比例的公司职工代表，其中职工代表的比例不低于1/3。监事会中的职工代表由公司职工通过职工代表大会、职工大会或者其他形式民主选举产生。

注释：监事会成员不得少于3人。公司章程应规定职工代表在监事会中的具体比例。

第一百四十一条　监事会行使下列职权：

（一）应当对董事会编制的公司定期报告进行审核并提出书面审核意见；

（二）检查公司财务；

（三）对董事、高级管理人员执行公司职务的行为进行监督，对违反法律、行政法规、本章程或者股东大会决议的董事、高级管理人员提出罢免的建议；

（四）当董事、高级管理人员的行为损害公司的利益时，要求董事、高级管理人员予以纠正；

（五）提议召开临时股东大会，在董事会不履行《公司法》规定的

召集和主持股东大会职责时召集和主持股东大会；

（六）向股东大会提出提案；

（七）依照《公司法》第一百五十二条的规定，对董事、高级管理人员提起诉讼；

（八）发现公司经营情况异常，可以进行调查；必要时，可以聘请会计师事务所、律师事务所等专业机构协助其工作，费用由公司承担。

注释：公司章程可以规定监事的其他职权。

第一百四十二条　监事会每6个月至少召开一次会议。监事可以提议召开临时监事会会议。

监事会决议应当经半数以上监事通过。

第一百四十三条　监事会制定监事会议事规则，明确监事会的议事方式和表决程序，以确保监事会的工作效率和科学决策。

注释：监事会议事规则规定监事会的召开和表决程序。监事会议事规则应列入公司章程或作为章程的附件，由监事会拟定，股东大会批准。

第一百四十四条　监事会应当将所议事项的决定做成会议记录，出席会议的监事应当在会议记录上签名。

监事有权要求在记录上对其在会议上的发言作出某种说明性记载。监事会会议记录作为公司档案至少保存10年。

注释：公司应当根据具体情况，在章程中规定会议记录的保管期限。

第一百四十五条　监事会会议通知包括以下内容：

（一）举行会议的日期、地点和会议期限；

（二）事由及议题；

（三）发出通知的日期。

第八章　财务会计制度、利润分配和审计

第一节　财务会计制度

第一百四十六条　公司依照法律、行政法规和国家有关部门的规

定，制定公司的财务会计制度。

第一百四十七条　公司在每一会计年度结束之日起4个月内报送年度财务会计报告，在每一会计年度前6个月结束之日起2个月内报送半年度财务会计报告，

上述财务会计报告按照有关法律、行政法规及部门规章的规定进行编制。

第一百四十八条　公司除法定的会计账簿外，将不另立会计账簿。公司的资产，不以任何个人名义开立账户存储。

第一百四十九条　公司分配当年税后利润时，应当提取利润的10%列入公司法定公积金。公司法定公积金累计额为公司注册资本的50%以上的，可以不再提取。

公司的法定公积金不足以弥补以前年度亏损的，在依照前款规定提取法定公积金之前，应当先用当年利润弥补亏损。

公司从税后利润中提取法定公积金后，经股东大会决议，还可以从税后利润中提取任意公积金。

公司弥补亏损和提取公积金后所余税后利润，按照股东持有的股份比例分配，但本章程规定不按持股比例分配的除外。

股东大会违反前款规定，在公司弥补亏损和提取法定公积金之前向股东分配利润的，股东必须将违反规定分配的利润退还公司。

公司持有的本公司股份不参与分配利润。

第一百五十条　公司的公积金用于弥补公司的亏损、扩大公司生产经营或者转为增加公司资本。但是，资本公积金将不用于弥补公司的亏损。

法定公积金转为资本时，所留存的该项公积金将不少于转增前公司注册资本的25%。

第一百五十一条　公司股东大会对利润分配方案作出决议后，公司董事会须在股东大会召开后2个月内完成股利（或股份）的派发事项。

第一百五十二条　公司利润分配政策为［具体政策］。

第二节　内部审计

第一百五十三条　公司实行内部审计制度，配备专职审计人员，对公司财务收支和经济活动进行内部审计监督。

第一百五十四条　公司内部审计制度和审计人员的职责，应当经董事会批准后实施。审计负责人向董事会负责并报告工作。

第三节　会计师事务所的聘任

第一百五十五条　公司聘用取得“从事证券相关业务资格”的会计师事务所进行会计报表审计、净资产验证及其他相关的咨询服务等业务，聘期1年，可以续聘。

第一百五十六条　公司聘用会计师事务所必须由股东大会决定，董事会不得在股东大会决定前委任会计师事务所。

第一百五十七条　公司保证向聘用的会计师事务所提供真实、完整的会计凭证、会计账簿、财务会计报告及其他会计资料，不得拒绝、隐匿、谎报。

第一百五十八条　会计师事务所的审计费用由股东大会决定。

第一百五十九条　公司解聘或者不再续聘会计师事务所时，提前[天数]天事先通知会计师事务所，公司股东大会就解聘会计师事务所进行表决时，允许会计师事务所陈述意见。

会计师事务所提出辞聘的，应当向股东大会说明公司有无不当情形。

第九章　通知和公告

第一节　通知

第一百六十条　公司的通知以下列形式发出：

（一）以专人送出；

（二）以邮件方式送出；

（三）以公告方式进行；

（四）本章程规定的其他形式。

第一百六十一条　公司发出的通知，以公告方式进行的，一经公告，视为所有相关人员收到通知。

第一百六十二条　公司召开股东大会的会议通知，以［具体通知方式］进行。

第一百六十三条　公司召开董事会的会议通知，以［具体通知方式］进行。

第一百六十四条　公司召开监事会的会议通知，以［具体通知方式］进行。

注释：公司应当根据实际情况，在章程中确定公司各种会议的具体通知方式。

第一百六十五条　公司通知以专人送出的，由被送达人在送达回执上签名（或盖章），被送达人签收日期为送达日期；公司通知以邮件送出的，自交付邮局之日起第［天数］个工作日为送达日期；公司通知以公告方式送出的，第一次公告刊登日为送达日期。

第一百六十六条　因意外遗漏未向某有权得到通知的人送出会议通知或者该等人没有收到会议通知，会议及会议作出的决议并不因此无效。

第二节　公告

第一百六十七条　公司指定［媒体名称］为刊登公司公告和其他需要披露信息的媒体。

注释：公司应当在中国证监会指定的媒体范围内，在章程中确定一份或者多份报纸和一个网站作为公司披露信息的媒体。

第十章　合并、分立、增资、减资、解散和清算

第一节　合并、分立、增资和减资

第一百六十八条　公司合并可以采取吸收合并或者新设合并。

一个公司吸收其他公司为吸收合并，被吸收的公司解散。两个以上公司合并设立一个新的公司为新设合并，合并各方解散。

第一百六十九条 公司合并，应当由合并各方签订合并协议，并编制资产负债表及财产清单。公司应当自作出合并决议之日起10日内通知债权人，并于30日内在［报纸名称］上公告。债权人自接到通知书之日起30日内，未接到通知书的自公告之日起45日内，可以要求公司清偿债务或者提供相应的担保。

第一百七十条 公司合并时，合并各方的债权、债务，由合并后存续的公司或者新设的公司承继。

第一百七十一条 公司分立，其财产作相应的分割。

公司分立，应当编制资产负债表及财产清单。公司应当自作出分立决议之日起10日内通知债权人，并于30日内在［报纸名称］上公告。

第一百七十二条 公司分立前的债务由分立后的公司承担连带责任。但是，公司在分立前与债权人就债务清偿达成的书面协议另有约定的除外。

第一百七十三条 公司需要减少注册资本时，必须编制资产负债表及财产清单。

公司应当自作出减少注册资本决议之日起10日内通知债权人，并于30日内在［报纸名称］上公告。债权人自接到通知书之日起30日内，未接到通知书的自公告之日起45日内，有权要求公司清偿债务或者提供相应的担保。

公司减资后的注册资本将不低于法定的最低限额。

第一百七十四条 公司合并或者分立，登记事项发生变更的，应当依法向公司登记机关办理变更登记；公司解散的，应当依法办理公司注销登记；设立新公司的，应当依法办理公司设立登记。

公司增加或者减少注册资本，应当依法向公司登记机关办理变更登记。

第二节 解散和清算

第一百七十五条 公司因下列原因解散：

（一）本章程规定的营业期限届满或者本章程规定的其他解散事由出现；

（二）股东大会决议解散；

（三）因公司合并或者分立需要解散；

（四）依法被吊销营业执照、责令关闭或者被撤销；

（五）公司经营管理发生严重困难，继续存续会使股东利益受到重大损失，通过其他途径不能解决的，持有公司全部股东表决权10%以上的股东，可以请求人民法院解散公司。

第一百七十六条　公司有本章程第一百七十五条第（一）项情形的，可以通过修改本章程而存续。

依照前款规定修改本章程，须经出席股东大会会议的股东所持表决权的2/3以上通过。

第一百七十七条　公司因本章程第一百七十五条第（一）项、第（二）项、第（四）项、第（五）项规定而解散的，应当在解散事由出现之日起15日内成立清算组，开始清算。清算组由董事或者股东大会确定的人员组成。逾期不成立清算组进行清算的，债权人可以申请人民法院指定有关人员组成清算组进行清算。

第一百七十八条　清算组在清算期间行使下列职权：

（一）清理公司财产，分别编制资产负债表和财产清单；

（二）通知、公告债权人；

（三）处理与清算有关的公司未了结的业务；

（四）清缴所欠税款以及清算过程中产生的税款；

（五）清理债权、债务；

（六）处理公司清偿债务后的剩余财产；

（七）代表公司参与民事诉讼活动。

第一百七十九条　清算组应当自成立之日起10日内通知债权人，并于60日内在［**报纸名称**］上公告。债权人应当自接到通知书之日起30日内，未接到通知书的自公告之日起45日内，向清算组申报其债权。

债权人申报债权，应当说明债权的有关事项，并提供证明材料。清算组应当对债权进行登记。

在申报债权期间，清算组不得对债权人进行清偿。

第一百八十条　清算组在清理公司财产、编制资产负债表和财产清单后，应当制订清算方案，并报股东大会或者人民法院确认。

公司财产在分别支付清算费用、职工的工资、社会保险费用和法定补偿金，缴纳所欠税款，清偿公司债务后的剩余财产，公司按照股东持有的股份比例分配。

清算期间，公司存续，但不能开展与清算无关的经营活动。公司财产在未按前款规定清偿前，将不会分配给股东。

第一百八十一条　清算组在清理公司财产、编制资产负债表和财产清单后，发现公司财产不足清偿债务的，应当依法向人民法院申请宣告破产。

公司经人民法院裁定宣告破产后，清算组应当将清算事务移交给人民法院。

第一百八十二条　公司清算结束后，清算组应当制作清算报告，报股东大会或者人民法院确认，并报送公司登记机关，申请注销公司登记，公告公司终止。

第一百八十三条　清算组成员应当忠于职守，依法履行清算义务。

清算组成员不得利用职权收受贿赂或者其他非法收入，不得侵占公司财产。

清算组成员因故意或者重大过失给公司或者债权人造成损失的，应当承担赔偿责任。

第一百八十四条　公司被依法宣告破产的，依照有关企业破产的法律实施破产清算。

第十一章　修改章程

第一百八十五条　有下列情形之一的，公司应当修改章程：

（一）《公司法》或有关法律、行政法规修改后，章程规定的事项与修改后的法律、行政法规的规定相抵触；

（二）公司的情况发生变化，与章程记载的事项不一致；

（三）股东大会决定修改章程。

第一百八十六条　股东大会决议通过的章程修改事项应经主管机关审批的，须报主管机关批准；涉及公司登记事项的，依法办理变更登记。

第一百八十七条　董事会依照股东大会修改章程的决议和有关主管机关的审批意见修改本章程。

第一百八十八条　章程修改事项属于法律、法规要求披露的信息，按规定予以公告。

第十二章　附则

第一百八十九条　释义

（一）控股股东，是指其持有的股份占公司股本总额50%以上的股东；持有股份的比例虽然不足50%，但依其持有的股份所享有的表决权已足以对股东大会的决议产生重大影响的股东。

（二）实际控制人，是指虽不是公司的股东，但通过投资关系、协议或者其他安排，能够实际支配公司行为的人。

（三）关联关系，是指公司控股股东、实际控制人、董事、监事、高级管理人员与其直接或者间接控制的企业之间的关系，以及可能导致公司利益转移的其他关系。但是，国家控股的企业之间不仅因为同受国家控股而具有关联关系。

第一百九十条　董事会可依照章程的规定，制订章程细则。章程细则不得与章程的规定相抵触。

第一百九十一条　本章程以中文书写，其他任何语种或不同版本的章程与本章程有歧义时，以在［公司登记机关全称］最近一次核准登记后的中文版章程为准。

第一百九十二条　本章程所称“以上”、“以内”、“以下”，都含本数；“不满”、“以外”、“低于”、“多于”不含本数。

第一百九十三条　本章程由公司董事会负责解释。

第一百九十四条　本章程附件包括股东大会议事规则、董事会议事

规则和监事会议事规则。

7.4 审计报告

中国证券业协会《试点办法》第65条规定：挂牌公司披露的财务信息至少应当包括资产负债表、利润表、现金流量表以及主要项目的附注。《试点办法》第66条规定：挂牌公司披露的年度财务报告应当经会计师事务所审计。

公司财务审计报告属于应当披露的重要文件之一。公司应与会计师事务所签订审计服务合同，由会计师事务所依据合同，指派2名或2名以上的注册会计师具体执行财务审计服务。财务报告审计的会计师事务所和签字注册会计师对所出具的审计报告负责。

财务审计的内容至少包括公司最近2个会计年度的资产负债表、利润表、现金流量表以及主要项目的附注。

7.5 法律意见书

公司在筹办新三板市场挂牌的过程中，应与律师事务所签订《聘请专项事务法律顾问协议》，由律师事务所指派2名以上专业律师为公司挂牌中所涉及的法律问题提供法律服务。

律师可就以下事项提供法律服务：

A. 对公司股东名册的真实性、合法性予以鉴证，出具鉴证意见；

B. 出具关于股份有限公司设立合法性的法律意见书；

C. 出具关于股份有限公司设立后股东转让其股份合法性的法律意见书；

D. 草拟、修改公司章程、股东大会决议及董事会决议；

E. 与公司及其他中介机构就重大法律问题进行磋商；

F. 出具关于公司在代办股份转让系统挂牌报价转让的法律意见书；

G. 提供其他相关法律服务。

律师事务所及签字律师对所出具的法律文书负责。

关于公司在代办股份转让系统挂牌报价转让的法律意见书属于应当披露的挂牌备案文件之一，应包含以下内容：

法律意见书开头部分应载明，律师是否根据《证券法》、《公司法》等有关法律、法规和中国证券业协会的有关规定，按照律师行业公认的业务标准、道德规范和勤勉尽责精神，出具法律意见书。

（1）律师应声明的事项

A. 律师应承诺已依据本法律意见书出具日以前已发生或存在的事实和我国现行法律、法规和中国证券业协会的有关规定发表法律意见。

B. 律师应承诺已严格履行法定职责，遵循了勤勉尽责和诚实信用原则，对拟挂牌公司的行为以及本次申请挂牌备案的合法、合规、真实、有效进行了充分的核查验证，保证法律意见书不存在虚假记载、误导性陈述及重大遗漏。

C. 律师应承诺同意将法律意见书作为公司申请挂牌备案所必备的法律文件，随同其他材料一同上报，并愿意承担相应的法律责任。

D. 律师应承诺同意公司部分或全部在股份报价转让说明书中自行引用或按中国证券业协会备案要求引用法律意见书的内容，但公司作上述引用时，不得因引用而导致法律上的歧义或曲解，律师应对有关股份报价转让说明书的内容进行再次审阅并确认。

E. 律师可作出其他适当声明，但不得做出违反律师行业公认的业务标准、道德规范和勤勉尽责精神的免责声明。

（2）法律意见书正文

律师应在进行充分核查验证的基础上，对本次股份报价转让的下列（包括但不限于）事项明确发表结论性意见。所发表的结论性意见应包括是否合法合规、是否真实有效，是否存在纠纷或潜在风险。

A. 公司本次股份报价转让的批准和授权；

B. 公司本次股份报价转让的主体资格；

C. 公司本次股份报价转让的实质条件；

D. 公司的设立；

E. 公司的独立性；

F. 公司的发起人或股东（实际控制人）；

G. 公司的股本及其演变；

H. 公司的业务；

I. 关联交易及同业竞争；

J. 公司的主要财产；

K. 公司的重大债权债务；

L. 公司的重大资产变化及收购兼并；

M. 公司章程的制定与修改；

N. 公司股东大会、董事会、监事会议事规则及规范运作；

O. 公司董事、监事和高级管理人员及其变化；

P. 公司的税务；

Q. 公司的环境保护和产品质量、技术等标准；

R. 公司的业务发展目标；

S. 诉讼、仲裁或行政处罚；

T. 公司股份报价转让说明书法律风险的评价；

U. 律师认为需要说明的其他问题。

（3）本次股份报价转让的总体结论性意见

律师应对公司是否符合股份报价转让条件、公司行为是否存在违法违规，以及股份报价转让说明书及其摘要引用的法律意见书的内容是否适当，明确发表总体结论性意见。

律师已勤勉尽责仍不能发表肯定性意见的，应发表保留意见，并说明相应的理由及其对本次股份报价转让的影响程度。

7.6 备案文件的审查与备案

根据《主办券商推荐中关村科技园区非上市股份有限公司股份进入

证券公司代办股份转让系统挂牌业务规则》（以下简称《挂牌业务规则》）的规定，主办券商向中国证券业协会报送的备案文件应包括以下材料：

A. 推荐报告；

B. 股份报价转让说明书；

C. 北京市人民政府出具的确认公司属于股份报价转让试点企业的函；

D. 公司董事会、股东大会有关股份挂牌转让的决议；

E. 公司与主办券商签订的推荐挂牌协议；

F. 公司及其股东对北京市人民政府的承诺书；

G. 公司最近两年的审计意见及经审计的财务报告；

H. 尽职调查报告和尽职调查工作底稿；

I. 内核意见和内核机构成员审核工作底稿；

J. 协会要求的其他文件。

主办券商应承诺有充分理由确信备案文件不存在虚假记载、误导性陈述和重大遗漏。

协会收到主办券商报送的备案文件后，决定受理的，向其出具受理通知书。备案文件一经受理，未经协会同意不得增加、撤回或更换。

协会对下列事项进行审查：

A. 备案文件是否齐备；

B. 主办券商是否已按照尽职调查工作指引的要求，对所推荐的公司进行了尽职调查；

C. 该公司拟披露的信息是否符合信息披露规则的要求；

D. 主办券商对备案文件是否履行了内核程序。

协会应在受理之日起五十个工作日内，对备案文件进行审查。经审查无异议的，向主办券商出具备案确认函。协会要求主办券商对备案文件予以补充或修改的，受理文件时间自协会收到主办券商的补充或修改意见的下一个工作日起重新计算。

协会对备案文件有异议，决定不予备案的，应向主办券商出具书面

通知并说明原因。

附录　股份报价转让备案公告[①]

股份报价转让备案公告（第80号）

民生证券有限责任公司推荐北京莱富特佰网络科技股份有限公司股份报价转让的备案文件，已通过备案确认。

特此公告。

中国证券业协会
二〇一一年一月二十一日

① 转引自中国证券业协会官网：http：//www. sac. net. cn/newcn/home/info _ detail。

8　股份挂牌与转让

8.1　股份挂牌与转让流程[①]

8.1.1　主办券商进场准备业务流程

（1）业务前提

A. 已取得代办股份转让主办券商资格和报价转让业务资格（按规定向中国证券业协会申请）。

B. 已申请并开通代办股份转让专用交易单元（按规定向深交所会员管理部申请）。

（2）业务流程

①签订《报价系统技术合作协议书》

申请单位：主办券商。

受理部门：深交所报价转让系统工作小组。

A. 下载《报价系统技术合作协议书》（一式五份）；

B. 签名、盖章、邮寄深交所报价转让系统工作小组。

②签订《股份报价转让信息披露服务协议》

申请单位：推荐主办券商。

① 根据深圳证券交易所的《中关村科技园区非上市公司进入代办系统进行股份转让业务运作框架图》整理。

受理单位：深圳证券信息有限公司。

A. 下载《股份报价转让信息披露服务协议》（一式四份）；

B. 签名、盖章、邮寄深圳证券信息有限公司。

③申请开通代办系统专用交易单元的“报价转让”业务权限和“园区公司”进入代办股份转让系统用户

申请单位：主办券商。

受理单位：深交所报价转让系统工作小组。

A. 会员联络人登陆“会员业务专区”填写申请表，并上传相关申请材料；

B. 审核后开通报价转让业务权限和报价转让用户，并出具批准通知书交报价券商。

④办理报价转让系统密钥

申请单位：主办券商。

受理单位：深圳证券通信有限公司。

主办券商持批准通知书到通信公司办理报价转让系统密钥。至此，主办券商进场前的技术和业务准备工作就绪，可进场交易。

8.1.2 公司挂牌业务流程

（1）业务前提

A. 推荐主办券商已完成进场前准备工作；

B. “园区公司”已通过中国证券业协会备案确认。

（2）业务流程

①申请报价转让证券简称和证券代码

申请单位：推荐主办券商。

受理单位：深交所中小板公司管理部。

A. 填写申请书并提交其他申请材料；

B. 审核后生成证券代码和证券简称；

C. 出具批准通知，并将审核结果通知相关部门确认。

②办理拟挂牌“园区公司”股份初始登记

申请单位：推荐主办券商、“园区公司”。

受理单位：中国结算深圳分公司登记存管部。

A. “园区公司”与中国结算深圳分公司签订《股份登记服务协议》；

B. “园区公司”会同推荐主办券商办理初始股份的集中登记。

③办理非上市公司挂牌手续

申请单位：推荐主办券商、“园区公司”。

受理单位：深交所报价转让系统工作小组。

A. 提交“挂牌”申请材料、商定“挂牌”日期；

B. 通知相关部门和单位作好挂牌准备；

C. 正式“挂牌”交易。

8.1.3 公司挂牌后业务流程

(1) 除权、除息和停复牌业务

申请单位：推荐主办券商。

受理部门：深交所公司管理部。

(2) 证券简称和全称变更业务、终止挂牌业务

申请单位：推荐主办券商。

受理部门：深交所报价转让系统工作小组。

(3) 股份转让公司信息披露

申请单位：推荐主办券商。

受理部门：深圳证券信息公司。

(4) 交易结算运行及通信系统维护

主办部门：深交所系统运行部和电脑工程部、中国结算深圳分公司系统运行部和电脑工程部、深圳证券通信公司、主办券商。

（5）日常资金结算、股份初始登记、解除限售登记、高管股份管理、权益分派

主办部门：中国结算深圳分公司资金交收部、登记存管部、主办券商。

8.2 股份登记

8.2.1 初始登记

根据中国证券业协会《试点办法》第13条的规定，推荐主办券商取得协会备案确认函后，应督促非上市公司在股份挂牌前与证券登记结算机构签订证券登记服务协议，办理全部股份的集中登记。

为规范证券公司代办股份转让系统中关村科技园区非上市公司股份报价转让登记结算业务运作流程，中国证券登记结算有限责任公司深圳分公司（以下简称中登深圳分公司）制定了《证券公司代办股份转让系统中关村科技园区非上市公司股份报价转让登记结算业务指南》（以下简称《报价转让登记结算业务指南》）。

按照《报价转让登记结算业务指南》的要求，非上市公司应在中登深圳分公司完成全部股份的初始登记，方可申请挂牌。

办理初始登记之前，非上市公司应凭中国证券业协会出具的关于推荐挂牌备案文件的确认函，向深交所相关部门申请核准证券简称、编制证券代码。

非上市公司向中登深圳分公司申请办理股份的初始登记时，需提交下列材料：

A. 中国证券业协会关于推荐挂牌备案文件的确认函。

B.《非上市公司股份初始登记申请书》。

C. 股份公司设立的批文（复印件）。

D.《股份报价转让说明书》。

E. 非上市公司已签字盖章的《股份登记及服务协议书》（适用于

中关村科技园区非上市公司股份进入代办系统报价转让）（一式两份）。

F. 股份初始登记电子数据。

G. 股东股份挂牌前被冻结的，须提供质押冻结或司法冻结的相关材料。其中，司法冻结的应提供协助执行通知书、裁定书、已冻结证明等材料及复印件；质押冻结的应提供质押登记申请书、经公证的《质押合同》、质押双方营业执照、已冻结证明等材料及复印件。

H. 非上市公司营业执照复印件。

I. 非上市公司法定代表人证明书、法定代表人授权委托书。

J. 非上市公司法定代表人身份证复印件。

K. 经办人身份证原件及复印件。

L. 中登深圳分公司要求提供的其他材料。

上述申请材料经形式审核无误后，中登深圳分公司进行股份的预登记，打印《网下登记持有人名册清单》交非上市公司盖章确认。非上市公司确认后，中登深圳分公司在两个工作日内完成股份登记，出具《股份登记确认书》交非上市公司联系挂牌相关事宜。

8.2.2 变更登记与转托管

对于 T 日达成的挂牌公司股份转让（T 日为股份转让日），中登深圳分公司根据 T+1 日交收结果办理变更登记。

因司法裁决、继承等特殊原因办理挂牌公司有限售条件流通股非报价转让过户的，须按照中登深圳分公司《代办股份转让系统非挂牌交易股份转让业务办理指引》的有关规定，到中登深圳分公司办理；办理无限售条件流通股非报价转让过户的，到主办券商办理。

挂牌公司有限售条件流通股的司法冻结业务，到中登深圳分公司办理；无限售条件流通股的司法冻结业务，到主办券商办理。

挂牌公司股东需要变更托管主办券商的，应通过转出的主办券商办理报盘转托管。对于挂牌公司股份转托管费，中登深圳分公司于投资者转托管次日从转出方主办券商结算备付金账户中扣除中登深圳分公司应收取的部分。

8.2.3 解除限售登记

挂牌公司股东持有的股份按规定办理解除限售登记前，挂牌公司应向登记存管部申领相关股份登记证明。

挂牌公司在获得中国证券业协会的确认函后，向中登深圳分公司提出解除股份限售登记的申请。

申请办理解除股份限售登记，需提交下列材料：

A. 中国证券业协会关于解除股份限售登记备案文件的确认函；

B.《解除股份限售登记申请表》；

C. 解除股份限售登记电子数据；

D. 中登深圳分公司要求提供的其他材料。

上述申请材料经形式审核无误后，打印预登记报表交挂牌公司盖章确认。中登深圳分公司在两个工作日内完成相关股份的解除限售登记。

8.2.4 高管股份管理

挂牌公司董事、监事及高级管理人员持有的股份按规定需进行限售或解除限售的，挂牌公司应向登记存管部申领相关股份登记证明。

在初始登记后如有新增高管的，挂牌公司可凭中国证券业协会的确认函，向中登深圳分公司提出董事、监事及高级管理人员持股限售登记的申请，提交以下材料：

A. 中国证券业协会对董事、监事及高级管理人员持股情况的备案确认函；

B.《高管股份限售登记申请表》；

C. 限售登记电子数据；

D. 中登深圳分公司要求提供的其他材料。

上述申请材料经形式审核无误后，打印预登记报表交挂牌公司盖章确认。中登深圳分公司在两个工作日内完成相关股份的限售登记。

挂牌公司董事、监事及高级管理人员持股需解除限售的，参照解除限售登记业务办理。

8.2.5 退出登记

挂牌公司在报价转让系统终止挂牌，应到中登深圳分公司办理有关报价转让系统股份的退出登记事宜。

挂牌公司在中国证券业协会公告股份终止在报价转让系统报价转让决定后的10个工作日内，携带以下资料到登记存管部办理股份退出登记手续：

A. 中国证券业协会关于终止股份报价转让的确认函复印件；

B. 挂牌公司营业执照复印件（加盖单位公章）；

C. 挂牌公司法定代表人证明书；

D. 挂牌公司法定代表人授权委托书；

E. 经办人身份证原件和复印件；

F. 涉及欠费事宜的，还需提交欠费还款承诺。

挂牌公司接收中登深圳分公司移交的所有退出登记资料，就移交资料内容与中登深圳分公司签订股份移交备忘录。中登深圳分公司移交的退出材料包括：

A. 挂牌公司股份持有人名册，包括磁盘电子数据和书面名册（按股东合并的全排名名册），其中电子数据按原始登记状态产生的股份退出登记数据；

B. 股本结构表；

C. 未托管股份明细；

D. 股份质押、司法冻结的原始凭证复印件；

E. 中登深圳分公司办理的股份冻结清单等。

挂牌公司未按规定办理股份退出登记手续的，中登深圳分公司可将其证券登记数据和资料送达该挂牌公司或其代办机构，并由公证机关进行公证，视同该挂牌公司报价系统退出登记手续办理完毕。挂牌公司报价系统退出登记办理完毕后，中登深圳分公司在报价股份转让信息披露平台及中国证监会指定报刊上刊登关于终止为挂牌公司提供登记服务的公告。

附录　股份登记及服务协议

中国证券登记结算有限责任公司深圳分公司股份登记及服务协议

（适用于中关村科技园区非上市公司股份进入代办系统报价转让）

甲方名称：（挂牌公司名称）

乙方名称：中国证券登记结算有限责任公司深圳分公司

第一章　总则

第一条　根据《证券公司代办股份转让系统中关村科技园区非上市股份有限公司股份报价转让试点办法（暂行）》的要求，甲方委托乙方办理其股份报价转让的登记及相关事宜。甲乙双方本着平等、自愿、诚实信用的原则，经充分协商，就股份登记及其他相关事宜达成本协议。

第二条　乙方为甲方提供的股份登记及相关服务包括：甲方挂牌转让股份的初始登记、变更登记、股份持有人名册服务、权益派发、查询、退出登记等甲乙双方约定的其他服务。

第三条　甲方应当向乙方出具授权委托书，授权负责信息披露的人员为甲方与乙方之间的指定联络人，负责全权办理甲方与乙方之间的所有股份登记业务及其他相关事宜；在未正式指定负责信息披露的人员前，甲方应当临时指定人选代行指定联络人的职责。

甲方指定联络人或其联系方式发生变化的，应当自发生变化之日起5个工作日内书面通知乙方。因甲方未及时通知乙方有关指定联络人变更情况而造成的损失，由甲方承担。

第二章　权利义务

第四条　甲方的权利：

（一）按规定享有乙方提供的股份登记及相关服务。

（二）获取乙方相关业务规则、细则、指引等规范性文件。

（三）依法使用乙方提供的数据资料。

第五条 甲方的义务：

（一）遵守乙方业务规则、细则、指引等的规定。

（二）甲方认可乙方从报价系统获取的电子数据为有效数据。除此以外，甲方向乙方有效送达股份数据的方式为经甲方确认的书面和电子文件。

（三）保证送达乙方登记的股份数据和相关资料合法、真实、准确、完整，并为此承担相应的法律责任。

（四）依法妥善保管乙方提供的数据资料。

（五）按乙方规定的收费项目和收费标准按时、足额向乙方缴纳相关费用（具体费用收取标准详见附表）；乙方经有权部门批准对收费标准进行调整的，按调整后的标准执行。

（六）甲方终止挂牌后，应当及时向乙方申请办理退出登记手续。

第六条 乙方的权利：

（一）根据业务需要，对业务规则、细则、指引等做出修改或补充，并予公布，不再另行通知甲方。

（二）在办理股份登记或提供相关服务时向甲方收取费用。

（三）在甲方违反乙方有关业务规则、细则、指引等及本协议时，不予提供股份登记及相关服务。

第七条 乙方的义务：

（一）按规定根据甲方有效送达的股份数据和相关资料向其提供股份登记及相关服务。

（二）依法妥善保管甲方的登记数据资料，保证甲方在乙方证券登记簿记系统中登记的数据资料的准确性、完整性。

（三）除人民法院、人民检察院、公安机关和中国证监会等有权机构依照法定条件和程序进行查询和取证，中国证券业协会和深圳证券交易所依法履行职责要求提供相关数据和资料，股份持有人查询其本人的有关资料以及甲方股东自行召集股东大会需要获取甲方股份持有人名册

外，不得向其他第三方提供与其无关的甲方登记数据资料。

第三章 违约责任和争议解决

第八条 甲乙双方任何一方违反本协议而引起的法律责任，由责任方承担。

第九条 甲方未按乙方规定使用乙方通信系统接收和发送相关数据，给乙方造成的损失，甲方应当承担相应的法律责任。

第十条 甲乙双方就本协议的效力、解释或履行发生任何争议，首先应当通过友好协商的方式解决。自争议发生之日起30日内协商解决不成的，则争议双方同意将有关争议提交证券监督管理部门调解；调解不成或不同意调解的，则争议双方同意按下列第（二）项处理：

（一）将有关争议提交中国国际经济贸易仲裁委员会华南分会，依该会的仲裁规则进行仲裁。仲裁裁决是终局的，对双方均有约束力。

（二）向乙方所在地人民法院起诉。

第十一条 在争议解决过程中，除双方有争议的部分外，本协议应当继续履行。

第四章 其他

第十二条 合同任何一方因地震、台风、水灾、火灾、战争及其他不可抗力因素或系统故障、设备故障、通信故障、停电等突发事故，致使不能按约定的条件履行本协议的有关义务，给对方造成损失的，不承担责任。受到不可抗力事件或突发事故影响的一方应当及时将有关情况通知对方，乙方可以通过公告的方式履行通知义务。

第十三条 本协议未尽事宜，甲乙双方可签订补充协议。补充协议与本协议具有同等法律效力。

第十四条 本协议自甲乙双方签字盖章之日起生效，至甲方办理完毕退出登记手续之日终止。本协议终止后，甲乙双方应当根据乙方的业务规则、细则、指引等的规定，对双方各自尚未履行完毕的事项予以清理。

第十五条　本协议一式两份，甲方、乙方各执一份，具有同等法律效力。

甲方（盖章）：	乙方（盖章）：
法定代表人	法定代表人
或授权代表（签字）：	或授权代表（签字）：
签署日期：	签署日期：

本协议签署地点：

8.3 股份挂牌

按照深圳证券交易所《中关村科技园区非上市股份公司进入代办股份转让系统挂牌业务指引》的要求，股份挂牌的流程如下。

A. 拟挂牌公司的股份托管完毕后，由推荐主办券商向深交所报价转让系统工作小组（以下简称报价小组）递交以下文件，申请通过深交所主机系统进行报价转让（T—3 日）：

a. 申请挂牌的园区公司与推荐主办券商签订的推荐挂牌报价转让协议；

b. 中国结算深圳分公司登记存管部出具的《报价转让股份登记确认书》（原件）；

c.《中关村科技园区非上市股份公司进入代办股份转让系统挂牌业务备案表》（原件）；

d.《挂牌公司股份初始登记申请书》（原件）。

B. 报价小组与推荐主办券商、拟挂牌公司协商确定转让开始日期（T—3 日）。

C. 报价小组出具报价转让挂牌通知书交拟挂牌公司或推荐主办券商（T—2 日）。

D. 报价小组出具代办股份转让记录表通知中国结算深圳分公司登记存管部、深圳证券信息公司和深交所系统运行部、信息管理部（T—1日）。

E. 股份转让公司挂牌（T 日）。

F. 若拟挂牌公司想在挂牌首日（T 日）举办挂牌仪式，可与深圳证券信息公司北京办联系。

8.4 股份转让

8.4.1 投资者资格

根据中国证券业协会《试点办法》第 6 条的规定，参与挂牌公司股份报价转让的投资者，应当具备相应的风险识别和承担能力，可以是下列人员或机构：

A. 机构投资者，包括法人、信托、合伙企业等；

B. 公司挂牌前的自然人股东；

C. 通过定向增资或股权激励持有公司股份的自然人股东；

D. 因继承或司法裁决等原因持有公司股份的自然人股东；

E. 协会认定的其他投资者。

挂牌公司自然人股东只能买卖其持股公司的股份。

只有具有适当资格的投资者，才能参与挂牌公司股份报价转让。

8.4.2 开立账户

投资者初次参与报价转让，应按照《中国证券登记结算有限责任公司证券账户管理规则》及《试点办法》等有关业务规则的规定，开立中国证券登记结算有限公司深圳分公司人民币普通股票账户（以下简称股份账户）。

主办券商在为投资者开立股份账户之前，应对投资者是否符合股份报价转让资格予以审核，并向投资者出示《报价转让特别风险揭示书》，让投资者认真阅读，并予以充分解释。在投资者充分理解后，在《报价转让特别风险揭示书》上签字确认。

主办券商经审核投资者的开户申请资料，确认无误后，为其开立股份账户。

投资者在申请开户的同时，应与主办券商签订《报价转让委托协议书》，明确各自的权利与义务。

8.4.3 委托

根据《试点办法》的规定，投资者买卖挂牌公司股份，应按照与主办券商签订的《报价转让委托协议书》，委托主办券商代理其买卖。投资者委托分为意向委托、定价委托和成交确认委托。委托当日有效。

意向委托是指投资者委托主办券商按其指定价格和数量买卖股份的意向指令，意向委托不具有成交功能。

定价委托是指投资者委托主办券商按其指定的价格买卖不超过其指定数量股份的指令。

成交确认委托是指投资者买卖双方达成成交协议，或投资者拟与定价委托成交，委托主办券商以指定价格和数量与指定对手方确认成交的指令。

意向委托、定价委托和成交确认委托均可撤销，但已经报价系统确认成交的委托不得撤销或变更。

意向委托和定价委托应注明证券名称、证券代码、证券账户、买卖方向、买卖价格、买卖数量、联系方式等内容。

成交确认委托应注明证券名称、证券代码、证券账户、买卖方向、成交价格、成交数量、拟成交对手的主办券商等内容。

委托的股份数量以"股"为单位，每笔委托股份数量应为3万股以上。投资者证券账户某一股份余额不足3万股的，只能一次性委托卖出。股份的报价单位为"每股价格"。报价最小变动单位为0.01元。

8.4.4 申报与成交

按照《试点办法》的规定，主办券商应通过专用通道，按接受投资者委托的时间先后顺序向报价系统申报。

主办券商收到投资者卖出股份的意向委托后，应验证其证券账户，如股份余额不足，不得向报价系统申报。

主办券商收到投资者定价委托和成交确认委托后，应验证卖方证券账户和买方资金账户，如果卖方股份余额不足或买方资金余额不足，不得向报价系统申报。

主办券商应按有关规定保管委托、申报记录和凭证。

投资者达成转让意向后，可各自委托主办券商进行成交确认申报。投资者拟与定价委托成交的，可委托主办券商进行成交确认申报。

报价系统收到主办券商的定价申报和成交确认申报后，验证卖方证券账户。如果卖方股份余额不足，报价系统不接受该笔申报，并反馈至主办券商。

报价系统收到拟与定价申报成交的成交确认申报后，如系统中无对应的定价申报，该成交确认申报以撤单处理。

报价系统对通过验证的成交确认申报和定价申报信息进行匹配核对。核对无误的，报价系统予以确认成交，并向证券登记结算机构发送成交确认结果。

多笔成交确认申报与一笔定价申报匹配的，按时间优先的原则匹配成交。

成交确认申报与定价申报可以部分成交。成交确认申报股份数量小于定价申报的，以成交确认申报的股份数量为成交股份数量。定价申报未成交股份数量不小于 3 万股的，该定价申报继续有效；小于 3 万股的，以撤单处理。成交确认申报股份数量大于定价申报的，以定价申报的股份数量为成交股份数量。成交确认申报未成交部分以撤单处理。

8.4.5 结算

主办券商参与非上市公司股份报价转让业务，应取得证券登记结算机构的结算参与人资格。

股份和资金的结算实行分级结算原则。证券登记结算机构根据成交确认结果办理主办券商之间股份和资金的清算交收；主办券商负责办理其与客户之间的清算交收。

主办券商与客户之间的股份划付，应当委托证券登记结算机构办理。证券登记结算机构按照货银对付的原则，为非上市公司股份报价转让提供逐笔全额非担保交收服务。

证券登记结算机构在每个报价日终根据报价系统成交确认结果，进行主办券商之间股份和资金的逐笔清算，并将清算结果发送各主办券商。主办券商应根据清算结果在最终交收时点之前向证券登记结算机构划付用于交收的足额资金。

证券登记结算机构办理股份和资金的交收，并将交收结果反馈给主办券商。由于股份或资金余额不足导致的交收失败，证券登记结算机构不承担法律责任。

投资者因司法裁决、继承等特殊原因需要办理股份过户的，依照证券登记结算机构的规定办理。

9　信息披露

9.1　基本原则

按照《股份进入证券公司代办股份转让系统报价转让的中关村科技园区非上市股份有限公司信息披露规则》（以下简称《信息披露规则》）以及《试点办法》的要求，挂牌公司应严格履行其信息披露义务，主办券商应指导和督促所推荐挂牌公司规范履行信息披露义务。

挂牌公司及其董事和相关责任人应保证信息披露内容的真实、准确、完整，不存在虚假记载、误导性陈述或重大遗漏。

挂牌公司披露的信息，应经董事长或其授权的董事签字确认。若有虚假陈述，董事长应承担相应责任。

挂牌公司设有董事会秘书的，由董事会秘书负责信息披露事务。未设董事会秘书的，挂牌公司应指定一名具有相关专业知识的人员负责信息披露事务。挂牌公司负责信息披露事务的人员应列席公司的董事会和股东大会。

推荐主办券商负责指导和督促所推荐挂牌公司规范履行信息披露义务，对其信息披露文件进行形式审查。

挂牌公司和推荐主办券商披露的信息应在代办股份转让信息披露平台发布，在其他媒体披露信息的时间不得早于专门网站的披露时间。

9.2 挂牌报价转让前的信息披露

挂牌报价转让前，挂牌公司应披露股份报价转让说明书。

股份报价转让说明书应包括以下内容：

A. 公司基本情况；

B. 公司董事、监事、高级管理人员、核心技术人员及其持股情况；

C. 公司业务和技术情况；

D. 公司业务发展目标及其风险因素；

E. 公司治理情况；

F. 公司财务会计信息；

G. 北京市人民政府批准公司进行股份报价转让试点的情况。

推荐主办券商应在挂牌公司披露股份报价转让说明书的同时披露推荐报告。

9.3 持续信息披露

9.3.1 定期报告

(1) 年度报告

挂牌公司应在每个会计年度结束之日起 4 个月内编制并披露年度报告。挂牌公司年度报告中的财务报告必须经会计师事务所审计。

年度报告应包括以下内容：

A. 公司基本情况；

B. 最近两年主要财务数据和指标；

C. 最近一年的股本变动情况及报告期末已解除限售登记股份数量；

D. 股东人数，前十名股东及其持股数量、报告期内持股变动情况、报告期末持有的可转让股份数量和相互间的关联关系；

E. 董事、监事、高级管理人员、核心技术人员及其持股情况；

F. 董事会关于经营情况、财务状况和现金流量的分析，以及利润分配预案和重大事项介绍；

G. 审计意见和经审计的资产负债表、利润表、现金流量表以及主要项目的附注。

挂牌公司应在董事会审议通过年度报告之日起两个报价日内，以书面和电子文档的方式向推荐主办券商报送下列文件并披露：

A. 年度报告全文；

B. 审计报告；

C. 董事会决议及其公告文稿；

D. 推荐主办券商要求的其他文件。

（2）半年度报告

挂牌公司应在每个会计年度的上半年结束之日起两个月内编制并披露半年度报告。半年度报告应包括以下内容：

A. 公司基本情况；

B. 报告期的主要财务数据和指标；

C. 股本变动情况及报告期末已解除限售登记股份数量；

D. 股东人数，前十名股东及其持股数量、报告期内持股变动情况、报告期末持有的可转让股份数量和相互间的关联关系；

E. 董事、监事、高级管理人员、核心技术人员及其持股情况；

F. 董事会关于经营情况、财务状况和现金流量的分析，以及利润分配预案和重大事项介绍；

G. 资产负债表、利润表、现金流量表及主要项目的附注。

半年度报告的财务报告可以不经审计，但有下列情形之一的，应当经会计师事务所审计：

A. 拟在下半年进行利润分配、公积金转增股本或弥补亏损的；

B. 拟在下半年进行定向增资的；

C. 中国证券业协会认为应当审计的其他情形。

财务报告未经审计的，应当注明“未经审计”字样。财务报告经过审计的，若注册会计师出具的审计意见为标准无保留意见，公司应说明注册会计师出具标准无保留意见的审计报告；若注册会计师出具的审计意见为非标准无保留意见，公司应披露审计意见全文及公司管理层对审计意见涉及事项的说明。

挂牌公司应在董事会审议通过半年度报告之日起两个报价日内，以书面和电子文档的方式向推荐主办券商报送下列文件并披露：

A. 半年度报告全文；

B. 审计报告（如有）；

C. 董事会决议及其公告文稿；

D. 推荐主办券商要求的其他文件。

（3）季度报告

挂牌公司可在每个会计年度前3个月、9个月结束之日起1个月内自愿编制并披露季度报告。挂牌公司第一季度季度报告的披露时间不得早于上一年度年度报告的披露时间。

挂牌公司应在董事会审议通过季度报告之日起两个报价日内，以书面和电子文档的方式向推荐主办券商报送下列文件并披露：

A. 季度报告全文；

B. 董事会决议及其公告文稿；

C. 推荐主办券商要求的其他文件。

9.3.2 临时报告

挂牌公司召开董事会、监事会、股东大会会议，应在会议结束后两个报价日内将相关决议报送推荐主办券商备案。

挂牌公司出现以下情形之一的，应自事实发生之日起两个报价日内向推荐主办券商报告并披露：

A. 经营方针和经营范围的重大变化；

B. 发生或预计发生重大亏损、重大损失；

C. 合并、分立、解散及破产；

D. 控股股东或实际控制人发生变更；

E. 重大资产重组；

F. 重大关联交易；

G. 重大或有事项，包括但不限于重大诉讼、重大仲裁、重大担保；

H. 法院裁定禁止有控制权的大股东转让其所持公司股份；

I. 董事长或总经理发生变动；

J. 变更会计师事务所；

K. 主要银行账号被冻结，正常经营活动受影响；

L. 因涉嫌违反法律、法规被有关部门调查或受到行政处罚；

M. 涉及公司增资扩股和公开发行股票的有关事项；

N. 推荐主办券商认为需要披露的其他事项。

挂牌公司有限售期的股份解除转让限制前一报价日，挂牌公司须发布股份解除转让限制公告。

9.4 推荐主办券商对挂牌公司信息披露的督导

推荐主办券商应至少配备两名具有财务或法律专业知识的专职信息披露人员，指导和督促所推荐挂牌公司规范履行信息披露义务，并负责对所推荐挂牌公司风险揭示公告的编制和发布。推荐主办券商在任免专职信息披露人员时，应将相关人员名单及简历报中国证券业协会备案。

推荐主办券商应督导挂牌公司按照《信息披露规则》的要求履行信息披露义务。发现披露的信息存在虚假记载、误导性陈述或重大遗漏的，或者发现存在应披露而未披露事项的，推荐主办券商应要求挂牌公司进行更正或补充。挂牌公司拒不更正或补充的，推荐主办券商应在两个报价日内发布风险揭示公告。

推荐主办券商应对挂牌公司临时报告进行事前审查；对定期报告进行事后审查。挂牌公司未在规定期限内披露年度报告或半年度报告的，推荐主办券商应发布风险揭示公告。挂牌公司未在规定期限内披露年度报告的，推荐主办券商对其股份实行特别处理。

挂牌公司及其董事违反《信息披露规则》规定的，推荐主办券商应责令其改正。情节严重的，由中国证券业协会报告有关主管部门给予处罚。

挂牌公司拒不履行信息披露义务的，推荐主办券商应暂停解除其控股股东和实际控制人的股份限售登记，并将有关事项报告中国证券业协会。

附录　股份报价转让信息披露流程图①

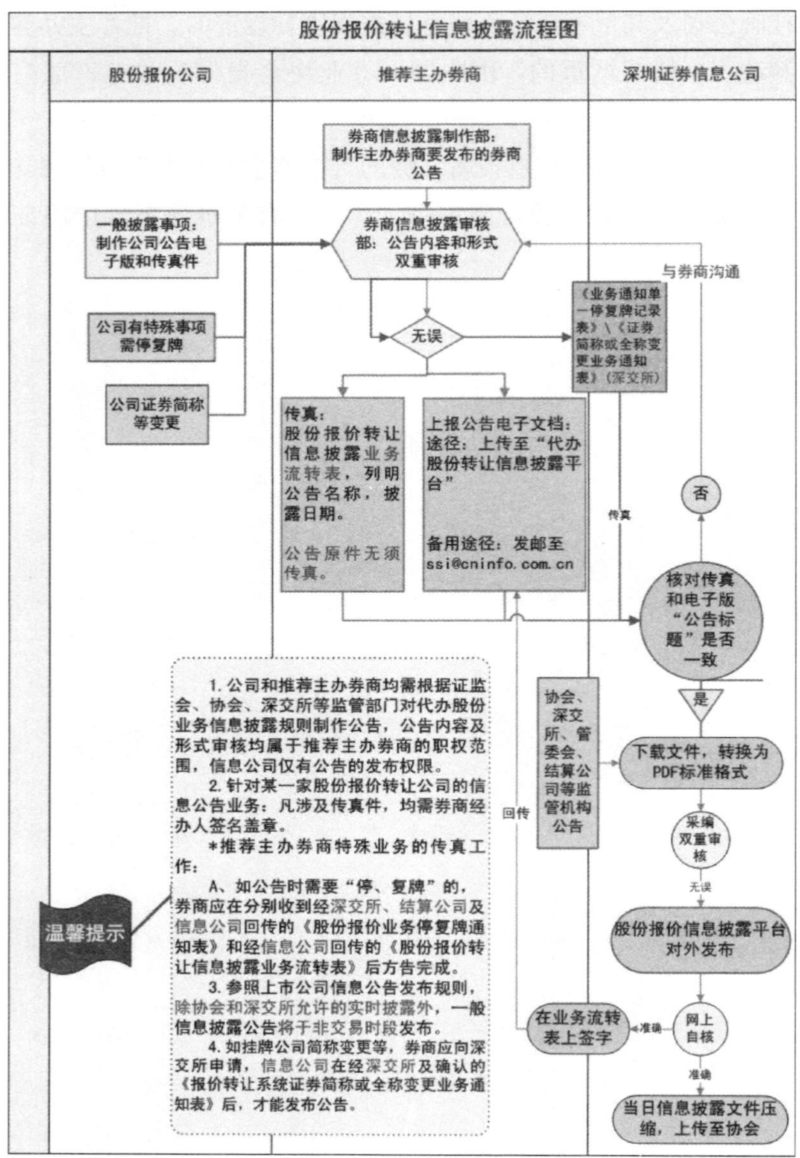

① 转引自 http://www.szse.cn/main/aboutus/service/yqgsgfzrsdfwzy/。

10　增资、扩股与转板

10.1　增资扩股

10.1.1　一般流程

新三板的创立，为解决中小企业融资难的问题，开辟了一条新的融资渠道。新三板挂牌公司可以通过定向增资的方式筹集所需资金。

据媒体报道[①]，最近5年来，新三板企业定向增资活跃，系统融资功能不断增强。2010年，共有10家挂牌企业进行了11次定向增资，融资额6.17亿元，超过前4年的融资总额；累计有20家企业进行了24次定向增资，市盈率最高达到84倍，平均市盈率22.59倍，融资额合计11.73亿元。

按照《公司法》、《试点办法》的相关规定，挂牌公司实施定向增资，应遵循以下程序：

A. 董事会制定定向增资方案，提请股东大会表决；

B. 股东大会通过定向增资方案，并授权董事会办理；

C. 公司就定向增资事宜向中国证券业协会申请备案确认；

D. 主办券商出具关于公司定向增资的专项意见；

E. 公司出具定向增资结果报告书；

① 尹振茂：《新三板5年定向增资逾11亿 去年占比过半》，《证券时报》，2011年2月25日。

F. 公司定向增资完成后，办理工商变更登记。

公司和主办券商应按照《信息披露规则》的要求，及时披露公司定向增资的相关信息。

10.1.2 定向增资方案

《定向增资方案》是公司实施定向增资活动的指导性文件，公司应按照相关要求，制定科学、实用、合规的定向增资方案。定向增资方案应包括以下内容：

A. 增资主体（即挂牌公司）；

B. 增资种类、方式及数额；

C. 增资价格及定价依据；

D. 定向增资期限；

E. 公司在册股东优先认购方案；

F. 定向增资认购人及认购方案；

G. 定向增资认购人名单、基本情况、与公司及主要股东的关联关系；

H. 出资方式；

I. 募集资金用途及项目可行性分析；

J. 前次募集资金使用情况；

K. 本次定向增资前滚存未分配利润的处置；

L. 本次定向增资对公司财务状况及经营成果的影响；

M. 防止增资过程中股东人数超过 200 人的措施；

N. 新增股份登记和限售情况；

O. 其他需要说明的事项。

附录　定向增资方案样本

现代农装科技股份有限公司定向增资方案[①]

一、增资主体

现代农装科技股份有限公司（以下简称“现代农装”或“公司”）

股份简称：现代农装

股份代码：430010

二、增资种类、方式及数额

增资种类：有限售条件的人民币普通股。

增资方式：非公开定向增资。

增资数量及金额：不超过3000万股（含3000万股），融资额不超过18000万元（含18000万元）。

三、增资价格及定价依据

增资价格为每股人民币6元。

根据公司2010年1～8月经审计的归属于母公司股东的净利润16132484.54元计算，本次增资后，摊薄的每股收益为0.30元，摊薄的静态市盈率约为20倍。本次定向增资价格综合参考了公司所处行业、成长性、每股净资产、市盈率等因素，并与投资者沟通后确定。

四、定向增资期限

本次定向增资须取得中国机械工业集团有限公司核准，并向国务院国资委备案，且需经中国证券业协会备案确认。公司预计2011年3月10日前可完成中国机械工业集团有限公司核准及国务院国资委备案工作。增资具体实施自获得中国证券业协会备案确认后一个月内完成。

五、公司在册股东优先认购方案

本次定向增资拟增资股份不超过3000万股（含3000万股），其中，拟向股权登记日在册股东配售不超过30%的股份，股份不超过900万

① 本案例由编者根据现代农装在中国证券业协会网站发布的公开信息整理而成，仅为说明定向增资方案的写作框架，并不构成对案例中相关企业与人士的任何评价。

股（含900万股）。在册股东按股权登记日持股比例确定相应的配售上限，并于指定日期前将认购资金存入公司指定账户，逾期视为放弃。在册股东放弃优先配售的股份，计入向机构投资者定向增资的份额。

六、定向增资认购人及认购方案

本次定向增资拟认购人为12人，其中7人为新增机构投资者，5人为公司原股东。新增机构投资者分别为北京中关村发展集团股份有限公司、北京惠农投资基金（有限合伙）、中富创业投资（北京）有限公司、北京亿博佳讯投资顾问有限公司、宁波市超达进出口有限公司、北京慧识金投资咨询有限公司、成都恒利捷物资有限公司。拟认购的原股东分别为中国农业机械化科学研究院（以下简称“中国农机院”）、中国钢研科技集团有限公司、机械科学研究总院、上海昌瑞钢铁有限公司、北京农业产业投资基金（有限合伙）。

向拟认购投资者配售的股份总数为下述两部分之和：(1) 拟增资股份总数的70%；(2) 股权登记日在册股东放弃优先配售的股份。其中，中国农机院拟认购不超过15091474.00股，中国钢研科技集团有限公司拟认购不超过501365.00股，机械科学研究总院拟认购不超过134243.00股，上海昌瑞钢铁有限公司拟认购不超过420000.00股，北京中关村发展集团股份有限公司拟认购不超过1000000.00股，北京惠农投资基金（有限合伙）拟认购不超过684983.00股，中富创业投资（北京）有限公司拟认购不超过500000.00股，北京农业产业投资基金（有限合伙）拟认购不超过467935.00股，北京亿博佳讯投资顾问有限公司拟认购不超过200000.00股，宁波市超达进出口有限公司拟认购不超过500000.00股，北京慧识金投资咨询有限公司拟认购不超过1000000.00股，成都恒利捷物资有限公司拟认购不超过500000.00股。

经股权登记日在册股东优先认购及上述12位拟认购投资者认购后剩余部分由北京惠农投资基金（有限合伙）全部认购。具体认购数量待公司本次新增股份向原股东配售结果确定后，双方协商确定。

七、定向增资认购人名单、基本情况、与公司及主要股东的关联关系

（一）中国农业机械化科学研究院

中国农机院始建于1956年。2000年5月，中国农机院根据国家经济贸易委员会、科学技术部、财政部等联合发布的国科发政字［1999］143号文规定转制为国有大型科技企业。2009年7月，经国务院国有资产监督管理委员会国资改革［2009］489号《关于中国机械工业集团有限公司与中国农业机械化科学研究院重组的通知》批准，中国农机院划归中国机械工业集团有限公司，中国农机院现持有国家工商行政管理局颁发的注册号为100000000033484（2—2）的《企业法人营业执照》；其法定住所为北京市朝阳区德胜门外北沙滩一号；注册资本为人民币17136万元；经营范围（略）。

该公司为现代农装控股股东，与公司其他股东不存在关联关系，与本次定向增资其他新增认购人不存在关联关系。

（二）中国钢研科技集团有限公司

中国钢研科技集团有限公司成立于2000年3月27日，注册资本为116478.5万元人民币，注册号100000000033191（2—1），法定代表人才让。公司经营范围（略）。

中国钢研科技集团有限公司是国务院国资委所属企业。该公司为现代农装股东，与公司其他股东不存在关联关系，与本次定向增资其他新增认购人不存在关联关系。

（三）机械科学研究总院

机械科学研究总院注册资本为18010万元人民币，注册号1000001003343（2—1），法定代表人李新亚。公司经营范围（略）。

机械科学研究总院是国务院国资委所属企业。该公司为现代农装股东，与公司其他股东不存在关联关系，与本次定向增资其他新增认购人不存在关联关系。

（四）上海昌瑞钢铁有限公司

上海昌瑞钢铁有限公司成立于2004年5月11日，注册资本100万

元人民币，注册号310113000556751，法定代表人娄珍申。注册地址为上海市宝山区蕴川路5475号070室。公司经营范围（略）。

该公司为现代农装股东，与公司其他股东不存在关联关系，与本次定向增资其他新增认购人不存在关联关系。

（五）北京中关村发展集团股份有限公司

北京中关村发展集团股份有限公司成立于2010年3月31日，注册资本1000000万元人民币，注册号110000012736847，法定代表人于军。公司经营范围（略）。

该公司与现代农装及其主要股东之间无关联关系，与本次定向增资其他新增认购人不存在关联关系。

（六）北京惠农投资基金（有限合伙）

北京惠农投资基金（有限合伙）成立于2009年12月24日，注册资本50000万元人民币注册号110000012516428，执行事务合伙人为北京惠农投资管理中心，委派尉立东为代表。公司经营范围（略）。

该公司与现代农装及其主要股东之间无关联关系，与本次定向增资其他新增认购人不存在关联关系。

（七）中富创业投资（北京）有限公司

中富创业投资（北京）有限公司成立于2007年9月21日，注册资本1068万元人民币，注册号110105010516089，法定代表人周飞。公司经营范围（略）。

该公司与现代农装及其主要股东之间无关联关系，与本次定向增资其他新增认购人不存在关联关系。

（八）北京农业产业投资基金（有限合伙）

北京农业产业投资基金（有限合伙）成立于2009年9月23日，注册资本42000万元人民币，注册号110000012299278，执行事务合伙人为北京金石农业投资基金管理中心（有限合伙），委派崔建国为代表。公司经营范围（略）。

该公司为现代农装股东，与公司其他股东不存在关联关系，与本次定向增资其他新增认购人不存在关联关系。

（九）北京亿博佳讯投资顾问有限公司

北京亿博佳讯投资顾问有限公司成立于 2004 年 4 月 21 日，注册资本 50 万元人民币，注册号 110101006874857，法定代表人徐鹏宇。公司营业范围（略）。

该公司与现代农装及其主要股东之间无关联关系，与本次定向增资其他新增认购人不存在关联关系。

（十）成都恒利捷物资有限公司

成都恒利捷物资有限公司成立于 2009 年 9 月 1 日，注册资本 1000 万元人民币，注册号 510107000186664，法定代表人汤录忠。公司营业范围（略）。

该公司与现代农装及其主要股东之间无关联关系，与本次定向增资其他新增认购人不存在关联关系。

（十一）宁波市超达进出口有限公司

宁波市超达进出口有限公司成立于 2001 年 6 月 27 日，注册资本为 500 万元，注册号 330283000039514（1/1），法定代表人夏春辉。公司营业范围（略）。

该公司与现代农装及其主要股东之间无关联关系，与本次定向增资其他新增认购人不存在关联关系。

（十二）北京慧识金投资咨询有限公司

北京慧识金投资咨询有限公司成立于 2009 年 12 月 1 日，注册资本为 100 万元，注册号 110101012452462，法定代表人张自安。公司营业范围（略）。

该公司与现代农装及其主要股东之间无关联关系，与本次定向增资其他新增认购人不存在关联关系。

八、出资方式

所有认购人均以现金方式认购本次定向增资。

九、募集资金用途及项目可行性分析

公司本次募集资金将用于保护性农业关键装备产业化基地厂房建设、相关设备购置及收购控股股东中国农机院持有的中机北方机械有限公司（以下简称“中机北方”）56.29%的股权。

其中，13000万元用于保护性农业关键装备产业化项目，主要包括系列免耕施肥精量播种机、系列精量低污染病虫害防治喷杆喷雾机和大型喷灌机组的生产。

其余5000万元用于收购中机北方56.29%股权。该收购行为主要是为配合中国农机院整体战略规划的实施，实现集团内部“农业装备板块”的业务整合，进一步优化资源配置。收购价款以中机北方经评估备案的净资产协商确定。

本次募集资金投入项目如下：（略）。

募集资金不能满足上述两个项目需求部分由公司以自筹资金予以补足；若有剩余将全部用于补充公司流动资金。

本次募集资金预计分二期投入，具体投资计划如下：（略）。

（一）保护性农业关键装备产业化项目

1. 项目背景

2010年7月5日，国务院颁布《关于促进农业机械化和农机工业又好又快发展的意见》（国发〔2010〕22号）明确提出：农业机械是发展现代农业的重要物质基础，农业机械化是农业现代化的重要标志。

走保护农业生态环境、提高农业耕种效率的可持续发展道路已被国家提升到战略地位。符合我国农业特点、具有低耗、节能、高效的农业机械将会迎来一个新的发展机遇。因此，公司决定进一步加大对保护性农业关键装备产业化的投入，以占领未来高端农业机械发展的先机。

2. 投资概算

保护性农业关键装备产业化项目总投资预计为13000万元，其中固定资产投资9000万元，铺底流动资金4000万元。募集资金使用计划如下：（略）。

3. 与公司现有业务的关系

公司是以中央直属大型科技企业——中国农业机械化科学研究院为主发起人，联合钢铁研究总院、清华紫光股份有限公司、北京首创资产管理有限公司和机械科学研究院共同发起设立的，从事现代农业装备开发、生产及经营的高新技术企业。公司自研产品发展重点为田间作业机械、排灌机械、畜禽饲养机械及加工机械等的研究开发、生产及销售。

公司目前的主要产品有：全喂入收割机、半喂入收割机、马铃薯种植机、马铃薯收获机、免耕播种机、大型喷药机、大型喷灌机、收获后加工机械、畜牧机械等几十种农业装备产品。

本次增资“保护性农业关键装备产业化项目”是为提升公司现有核心技术量产化能力，有助于公司在高端农业机械领域抢占先机，迅速扩大市场份额。本次募集资金投资项目属于公司现有业务及技术的拓展。

4. 募集资金的必要性

随着工业进程及城市化的加快，我国耕地质量日益下降。耕地质量下降主要体现在水土流失和土壤污染两个方面。保护性耕作及农药、化肥精量使用将有助于解决耕地水土流失问题及土壤污染问题。

国务院总理温家宝曾批示：“改革传统耕作方法发展保护性耕作技术，对于改善农业生态条件和生态环境具有重要意义。农业部要制定规划和措施，积极推进这项工作。”而保护性耕作主要由农业机械来完成，公司保护性农业关键装备产业化基地主要用于免耕施肥精量播种机、大型喷灌机组等保护性耕作的关键农业机械的量产化。

通过免耕播种、喷灌等方法，可有效地减少水土流失、沙尘暴、水资源浪费等，大大提高土地蓄水能力及水资源的利用率，有助于保持生态平衡，达到粮食稳产高产。

目前，国家也在大力推广“精准施药”相关技术，以提高作物上的农药有效利用率。公司研发的精量低污染病虫害防治喷杆喷雾机在喷洒时漂移少、雾滴穿透能力强、喷洒效率高，可有效地减少土壤污染问题。

公司产品符合国家整体发展策略，属于国家重点扶持产业。目前，我国免耕施肥播种机、喷杆喷雾机械和喷灌机等相关产品需求量巨大，发展前景十分广阔。国外企业目前已有较成熟的产品，但国内企业刚起步。公司产品是在国内外先进技术基础上，结合我国用户的具体要求开发的产品，在适应性和经济性方面均优于国外同类产品。公司具有自主知识产权的免耕施肥播种机、喷杆喷雾机械和喷灌机产品量产化，有助公司迅速抢占市场份额、提高公司产品的知名度，为企业带来丰厚的经济效益。

5. 可行性分析

（1）概述。

公司目前已具备耕作和植保机械产品500台的年生产能力。在生产厂房、工艺装备、原材料及配套件供应以及厂内配套设施建设上已有一定基础。

公司自主开发的具有自主知识产权的免耕施肥精量播种机、喷杆喷雾机在技术先进性和性能方面处于国内领先水平，达到国际同类产品先进水平。该机型与国内主要生产厂商的其他机型相比具有技术先进、性能好、作业质量稳定等优点，是国内产品无法相比的，也是唯一一种可以替代进口的免耕施肥精播机和喷杆喷雾机的机型。

随着国家农业可持续发展战略定位，保护性耕种农业机械未来将会有爆发式增长。为保证生产和供货能力能够满足市场需求的不断增长，公司决定将研究的相关保护性农业关键装备技术进行产业化，支持国家农业战略的实施。

（2）建设面积。

保护性农业关键装备产业化项目总投资13000万元，基本建设分二期进行。

一期建设内容：联合厂房二、联合厂房三（建筑面积共计13481.5m^2）。

二期建设内容：联合厂房四、联合厂房五、装卸平台、锅炉房等（建筑面积共计14281.5m^2）。

（3）需添置的主要设备。

保护性农业关键装备产业化项目主要添置的设备包括外购工艺设备及自制工装模具：外购工艺设备主要包括激光切割机、数控折弯机、数控剪板机、大台面液压成型机、空气压缩机、数控车床、立式铣床等。

自制工装模具主要包括播种机装配生产线及测试试验台、喷药机装配生产线及测试试验台、大型喷灌机主要部件焊接生产线等。

（4）技术储备。

①系列免耕施肥精量播种机。

系列免耕施肥精量播种机是“十五”国家科技攻关计划项目“2BMG16免耕施肥播种机研究开发”、国家“十一五”科技支撑计划重大项目“多功能农业装备与设施研制”课题“大马力拖拉机复试作业装备研究开发”子课题“原茬小麦精少量播种机研究与开发”的成果，通过了国家农机具质量监督检验中心的性能检测，各项指标均达到国家规定的标准要求；通过了中国机械工业联合会组织的新产品鉴定，处于国内领先地位，并达到国外同类产品的先进技术水平。

该产品应用波纹盘或平面大直盘开沟破茬，有效解决了秸秆覆盖免封播种堵草问题；采用双圆盘开沟器形成“V”型槽，并将种子精确播在槽底部，覆土后橡胶镇压轮镇压；组合实现化肥定点深施与播种，提高化肥利用率和单位面积产量；采用“微型控制式密齿槽轮排种器”专利技术，实现精少量均匀播种；既可免耕播小麦、油菜、青贮玉米，亦可用于草原补播牧草；整机配置和参数选择科学合理，技术先进，机械化程度高，使用可靠；作业效率高，下种均匀，出苗率高，达到国外先进水平。

公司目前已获得木薯种茎棒联合种植机等8项专利的所有权或使用权。

②系列精量低污染病虫害防治喷杆喷雾机。

精量低污染病虫害防治喷杆喷雾机产品是国家“九五”重点科技攻关计划项目“农业适度规模经营关键技术装备研制”的课题“宽幅喷杆喷雾机”、“十五”科技攻关计划项目“高地隙精准变量植保机械开发”课题和国际科技合作项目《大型自走式喷杆喷雾机研究开发》课题的研究成果。

该产品针对我国现代农业和适度规模经营对高效、低污染、安全性喷杆喷雾机械的要求，以提高作业效率、减少农药使用量、减轻农业生态环境污染为目标，采用高地隙自走式底盘和风幕式喷杆喷雾装置相配

套的总体设计技术、液压驱动与机械传动相结合技术、基于作业速度实时检测的自动变量喷雾控制系统、风幕式气流辅助防飘移喷雾技术等关键技术。

公司目前已获得一种宽幅喷杆喷雾机等 7 项专利。

③大型喷灌机组。

大型喷灌机是“九五”国家重点科技攻关计划项目“农业适度规模经营关键技术装备研制”中的〈节能节水灌溉设备〉课题的专题“DPP—300 型电动平移式喷灌机”研发的成果，也是国家高技术研究发展计划（863 计划）设立的“现代节水农业技术体系及新产品研究与开发”重大专项“轻小型移动式与大型自走式喷灌机组及配套产品研制与产业化开发”，以及 2007 年国家科技部科研院所技术开发研究专项资金项目“拖移式水动圆形喷灌溉技术与装备研究”研发的先进、适用、具有自主知识产权的高新技术产品。

该产品采用的关键技术有：A. 低压喷洒技术。开出低压喷头配置软件（CAD），它是提高喷洒水利用系数，减少蒸发飘移损失，节约能源，降低入机工作压力的关键技术，拥有完全自主知识产权。B. 智能同步控制技术。智能同步控制模块是主控箱电控系统的核心。该模块将控制降雨量的百分率计时器、同步控制、故障报警、故障定位、三相电流和电压监测、室外温度显示等功能集成于一体，是机组正常工作的关键。C. 桁架设计技术。桁架是大型喷灌机组的关键部件，桁架设计技术的完善为新桁架改进和重新设计提供了理论依据。

公司目前已获得一种拖移式中心支轴喷灌机的中心塔架车定位装置等 5 项专利的使用权。

（5）项目的选址。

保护性农业关键装备产业化项目拟在河北省涞水县永安大街南侧实施（河北保定分公司）。

（6）市场前景及投资效益。

项目预计经过两年建设期可达到预期产能，项目达产后可实现销售收入 35940 万元，税后利润 5157.26 万元，静态投资回收期约为 6 年。

（二）收购控股股东中国农机院持有的中机北方56.29%股权

1. 背景环境

根据中国农机院整体战略规划，在未来1～2年内将对集团内部“农业装备板块”进行整合，实现资源的优化配置。中机北方与公司的控股股东均为中国农机院，两家公司同属于“农业装备板块”，中机北方与公司在业务上存在一定的同业竞争。为配合中国农机院整体战略规划的实施，公司拟收购控股股东中国农机院持有的中机北方56.29%的股权，为“农业装备板块”的未来发展奠定基础。

2. 收购可行性分析

（1）中机北方基本情况。

中机北方创建于2007年，由中国农机院、长拖农业机械装备集团有限公司等农机行业著名企业共同出资设立的国有控股有限责任公司，注册资本7000万元，注册于吉林长春。

公司主要产品为玉米收获机系列产品：两行、三行背负式玉米收获机，不对行自走式玉米收获机；水田机械：系列手扶插秧机、半喂入水稻联合收割机、全喂入水稻联合收割机。

（2）中机北方股权结构。

中机北方注册资本为7000万元，目前中机北方股权结构如下：（略）。

依据上述股权结构，预计本次收购完成后中机北方股权结构如下：（略）。

（3）中机北方最近两年及一期的主要财务数据。

根据信永中和会计师事务所有限责任公司出具的中机北方2009年度审计报告及2010年1～8月未经审计的财务报表，2008年度、2009年度及2010年1～8月主要财务数据如下：（略）。

（4）收购中机北方进度安排。

本次收购中国农机院持有中机北方56.29%的股权，按照国有产权转让相关规定，需履行评估备案程序，公司初步计划2011年5月31日前中机北方完成相应的国有资产评估程序，并与中机北方大股东中国农

机院协商收购对价；2011 年 6 月 30 日前，完成相应的审批程序并签订收购协议；2011 年 7 月 31 日前完成收购，中机北方成为公司控股子公司，并完成相应的工商变更手续。

(5) 收购的定价原则。

正常情况下，拟以 2010 年 12 月 31 日为评估基准日，以该基准日经评估的中机北方净资产为收购价格定价依据。最终收购价格经双方协商并报国有资产管理部门备案后确定。

3. 收购后预期效益

中机北方主要产品有玉米收获机、半喂入水稻联合收割机和全喂入水稻联合收割机等，在市场上有较高的知名度。其主要销售市场为东北三省，并以东北地区为重点，逐步辐射河南、河北、山东、山西等地区。建有完善的售后服务队伍、市场信息收集分析体系和广泛的市场营销体系。现代农装拥有土壤植物机器系统技术国家重点实验室和国家农业机械工程技术研究中心，具有较强的收割机械的技术储备及研发能力，有助于提高中机北方产品的性能并提升产品在高端产品市场的占有率。

本次收购完成后，中机北方主要负责东北三省、内蒙古、西北区域的市场销售，以及周边国际市场的销售渠道建设。现代农装将形成水田机械市场的“一南一北”区域销售布局，增强并提高了现代农装主营业务产品在北方区域的市场占有率，提升“中农机”的整体品牌效应，进一步提高现代农装核心竞争力和盈利能力。

预计收购完成后中机北方 2011 年度、2012 年度可实现营业收入 16106.00 万元、16267.06 万元，净利润 701.57 万元、704.93 万元，分别可实现归属于母公司股东净利润 394.91 万元、396.81 万元。可以保持并稳步提升现代农装的经营成果。

十、前次募集资金使用情况

(一) 募集资金到账及存储情况

根据现代农装第三届董事会第二次会议和 2008 年度第一次临时股东大会决议，并经中国证券业协会备案确认（中证协函［2008］73

号），公司定向增资1000万股股份，发行价为每股人民币5.50元，共募集资金人民5500万元，扣除发行费后共计募集资金5200万元。上述定向增资募集资金业经华寅会计师事务所有限责任公司出具的寅验［2008］8015号验资报告验证。2008年3月27日，公司在中国证券登记结算有限责任公司深圳分公司办理了定向增资股份登记手续，并于2008年3月28日公告了《定向增资结果报告书》。

（二）募集资金的管理情况

为了规范募集资金的管理和使用，保护投资者权益，公司根据《公司法》、《证券法》以及《股份进入证券公司代办股份转让系统报价转让的中关村科技园区非上市股份有限公司信息披露规则》等有关法律、法规的规定和要求，结合公司实际情况，由董事会管理募集资金的使用，由监事会对其使用情况进行监督，以保证募集资金投向承诺项目。

（三）前次募集资金实际使用情况（略）

十一、本次定向增资前滚存未分配利润的处置

本次定向增资前公司滚存未分配利润由新老股东共同分享。

十二、本次定向增资对公司财务状况及经营成果的影响

（一）募集资金运用对财务状况的影响

本次募集资金到位后，公司注册资本将增加不超过3000万元，货币资金将增加不超过18000万元，这将显著改善、提高公司股本、净资产、每股净资产等财务指标。短期内由于募集资金尚未完全投入投资项目，公司的流动比率及速动比率将有较大提高，资产负债率将明显下降，并进一步提高公司偿债和抵御财务风险的能力。

（二）募集资金运用对主要经营成果的影响

本次募集资金所投资项目建成后，将大大提高公司保护性农业装备的生产能力，加强公司在大型免耕施肥精量播种机、喷杆喷雾机和喷灌机等产品的市场占有率及竞争力。但短期内公司每股收益可能会受到股本增加而摊薄的影响，较定向增资前有一定程度下降，净资产收益率也将会有一定幅度的下降。但随着募集资金投资项目的逐步完工投产，公司的生产效率将大幅度提高，随着公司收入和净利润逐步提高，公司的

每股收益及净资产收益率也将稳步提高。

十三、防止增资过程中股东人数超过 200 人的措施

公司现仅有股东 28 人，本次定向增资拟引进新股东 7 人。故本次定向增资后，公司股东人数不会超过 200 人。

十四、新增股份登记和限售情况

本次定向增资的新增股份登记在中国证券登记结算有限公司深圳分公司。新增股份自股份登记之日起 12 个月内不得转让。锁定期满后，公司董事、监事、高级管理人员、控股股东及实际控制人所持新增股份按照《中华人民共和国公司法》及其他相关规定进行转让，其余新增股份可以一次性进入代办股份转让系统进行股份报价转让。

现代农装科技股份有限公司
二〇一一年二月二十四日

10.1.3 主办券商关于公司定向增资的专项意见

按照《试点办法》的要求，主办券商应对挂牌公司定向增资行为的合法性、合规性出具专项意见。专项意见应包括以下内容：

A. 公司基本情况。

B. 本次定向增资的合法合规性。

a. 本次定向增资公司未采用广告、公开劝诱和变相公开方式；

b. 本次定向增资方案经公司董事会审议通过，并提交股东大会审议；

c. 本次定向增资方案经公司股东大会审议批准，相关议案由出席股东大会的非关联股东所持表决权 2/3 以上通过；

d. 本次定向增资经中国证券业协会备案确认；

e. 本次定向增资后股东人数不超过 200 人；

f. 本次定向增资金额已经全部到账，并经会计师事务所验证；

g. 本次定向增资新增股份在中国证券登记结算有限责任公司深圳

分公司进行股份登记；

h. 定向增资协议未包含对赌条款，定向增资的实施对公司持续生产经营、财务、公司治理结构不会产生不利影响。

C. 公司是否符合定向增资条件。

a. 公司治理结构是否健全，运作是否规范；

b. 公司是否规范履行信息披露义务；

c. 近期的财务报表审计意见；

d. 是否存在挂牌公司权益被控股股东或实际控制人严重损害且尚未消除的情形；

e. 公司是否存在违规对外提供担保且尚未解除的情形；

f. 现任董事、监事、高级管理人员是否勤勉尽责地履行对公司的义务，是否存在损害挂牌公司利益或其他违背诚信原则的行为；

g. 公司及其现任董事、监事、高级管理人员是否存在因涉嫌犯罪正被司法机关立案侦查，且对公司生产经营产生重大影响的情形；

h. 公司是否存在其他严重损害公司股东合法权益和社会公众利益的情形。

D. 定向增资对象的合规性。

a. 定向增资的对象；

b. 本次定向增资向原股东优先配售情况；

c. 本次定向增资除优先配售外的在册股东认购情况；

d. 本次定向增资除优先配售外的公司员工的基本情况及认购情况；

e. 本次定向增资新增机构投资者的基本情况及认购情况。

E. 定向增资价格的公允性。

F. 定向增资结果是否公平、公正，是否符合定向增资的有关规定。

G. 募集资金投向。

H. 定向增资对公司财务状况的影响。

I. 定向增资过程中的信息披露履行情况。

J. 其他需要说明的情况。

10.1.4 定向增资结果报告

新三板挂牌公司在完成定向增资后，应及时披露《定向增资结果报告书》，定向增资结果报告书应包含以下内容：

A. 声明事项：本公司及董事会全体成员保证公告内容的真实、准确和完整，没有虚假记载、误导性陈述或者重大遗漏。

B. 定向增资履行的相关程序。

C. 定向增资股份的种类和数量。

D. 定向增资的价格及定价依据。

E. 定向增资前公司原有股东优先认购的情况。

F. 募集资金情况、用途及相关管理办法。

a. 募集资金情况；

b. 募集资金用途；

c. 募集资金相关管理办法。

G. 认购人情况及认购股份数量。

H. 定向增资后股东人数。

I. 定向增资后股本变动情况。

a. 前十名股东持股变动情况；

b. 公司控制权变化情况；

c. 董事、监事和高级管理人员持股变动情况。

J. 定向增资后主要财务指标变化及管理层讨论与分析。

a. 主要财务指标及定向增资后的变化；

b. 管理层讨论与分析。

K. 定向增资股份的登记限售情况。

L. 其他需要说明的情况。

附录　定向增资结果报告书样本

北京诺思兰德生物技术股份有限公司定向增资结果报告书[①]

（本公司及董事会全体成员保证公告内容的真实、准确和完整，没有虚假记载、误导性陈述或者重大遗漏）

一、定向增资履行的相关程序

北京诺思兰德生物技术股份有限公司（以下简称公司或诺思兰德）定向增资方案已经公司第一届董事会2010年第四次会议、2010年第三次临时股东大会审议通过。定向增资方案经中国证券业协会备案函确认（中证协函〔2011〕028号）后，公司按照2011年1月26日在代办股份转让信息披露平台发布的《定向增资股份认购办法》进行定向增资工作，并由北京中审国际会计师事务所有限公司验资报告（中审国际验字〔2011〕01030013号）验证。

公司2011年2月16日获得中国证券业协会出具的定向增资股份登记函（中证协市场字〔2011〕010号）。2011年2月21日在中国证券登记结算有限责任公司深圳分公司办理了定向增资股份登记手续。

二、定向增资股份的种类和数量

公司以非公开定向增资的方式成功增资189.20万股有限售条件的人民币普通股，募集资金3973.20万元。

三、定向增资的价格及定价依据

本次定向增资价格为每股人民币21.00元。

公司目前主要资产为“重组人肝细胞生长因子裸质粒注射液”等5个新药项目的无形资产，其中2个项目已分别完成Ⅰ期和Ⅱ期临床研究，其他3个项目已基本完成临床前研究。参考公司开发新药的收益前景、同类新药技术转让价格以及国内外相似公司市值等因素，公司自己

① 本案例由编者根据诺思兰德在中国证券业协会网站发布的公开信息整理而成，仅为说明定向增资结果报告书的写作框架，并不构成对案例中相关企业与人士的任何评价。

评估的公司整体价值为3.00亿元左右，目前公司股票的二级市场交易价格为每股30.00元。

为保持公司长期稳定发展，引进战略投资机构，完善法人治理结构，并解决公司产业化所需资金，综合考虑公司所处行业、成长性、新药项目价值以及公司整体市值等因素，在与投资者协商后，按二级市场成交价格（30.00元/股）的70%，即每股21.00元确定为本次定向增资价格。

四、定向增资前公司原有股东优先认购的情况

公司以2011年1月28日为股权登记日，登记在册的公司原有股东10人（以下简称“原股东”）享有优先认购权，共有4名在册股东参与优先认购，共认购24.74万股，其余6名在册股东放弃优先认购权。

五、募集资金的情况、用途及相关管理办法

（一）募集资金情况

本次定向增资收到股东认缴股款人民币3973.20万元，经北京中审国际会计师事务所有限公司验资报告（中审国际验字〔2011〕01030013号）验证，该笔资金已汇入公司账户。

（二）募集资金用途

公司以定向增资方式发行人民币普通股189.20万股，募集资金3973.20万元，将全部用于公司生物新药研发项目的产业化。其中，公司拟在北京市通州区购买约70亩产业化建设用地，总价款约为2300.00万元。剩余募集资金全部用于建设“重组人肝细胞生长因子裸质粒注射液”新药的GMP生产车间及配套设施。在实际项目开展过程中，募集资金不能满足项目需求部分由公司以自有资金及银行贷款予以补足。

（三）募集资金相关管理办法

(1) 公司对募集资金的使用本着规范、透明的原则，按照对外公布的募集资金投资计划使用。

(2) 公司对募集资金的使用情况将及时披露，充分保障投资者的知情权。

（3）公司对募集资金的存放本着安全和便于监督管理原则。

（4）公司董事会和监事会将对项目建设进行检查、督促，及时掌握项目建设情况。

六、认购人情况及认购股份数量

（一）定向增资前公司原有在册股东优先认购情况

本次定向增资认购的原股东4人为自然人股东许松山、李相哲、聂李亚和机构投资者台州颐和投资顾问有限公司，认购情况见下表：（略）。

（二）本次定向增资除优先配售外的在册股东认购情况

根据《定向增资方案》，在册股东放弃优先配售的股份，首先由许松山、李相哲、台州颐和投资顾问有限公司3名在册股东和丁大有、马杉姗、李丽华、徐宏伟、汤晓闯5名公司员工认购。上述3名在册股东均参与了超额认购，超额认购情况如下：（略）。

根据前述（一）、（二）项认购情况，在册股东最终实际认购情况见下表：（略）。

（三）本次定向增资除优先配售外的公司员工的基本情况及认购情况（略）。

（四）本次定向增资新增机构投资者的基本情况及认购情况

本次定向增资新增认购人13人（8人为机构投资者，5人为公司员工），8名机构投资者分别为北京启迪明德创业投资有限公司、启迪创业投资管理（北京）有限公司、北京京奥坤投资管理有限公司、北京爱科时代科技有限公司、金信祥泰创业投资（北京）有限公司、北京鹏泰行科技有限公司、北京天和佳境投资管理有限公司和北京中金鑫磊投资咨询有限公司。

1. 机构投资者基本情况（略）

2. 认购情况（略）

根据《定向增资方案》，在册股东放弃优先配售的股份，经公司管理人员及其他员工认购后，仍未足额认购部分计入向机构投资者定向增资的份额，机构投资者放弃认购的部分由北京爱科时代科技有限公司

认购。

北京爱科时代科技有限公司超额认购情况为：(略)。

北京爱科时代科技有限公司在本次定向增资中累计认购股份25.00万股，占增资后总股本比例2.19%。

七、定向增资后股东人数

截至2011年1月28日公司股东总人数为10人，本次定向增资后新增股东13人，股东总人数为23人。

八、定向增资后股本变动情况

（一）前十名股东持股变动情况

增资前前十名股东持股情况（截至2011年1月28日）（略）。

增资后前十名股东持股情况（略）。

（二）公司控制权变化情况

本次定向增资后，实际控制人仍为公司许松山、许日山兄弟，二人合计持股比例由本次定向增资前的48.50%下降到41.76%，公司的控制权未发生变化。

（三）董事、监事和高级管理人员持股变动情况（略）

九、定向增资后主要财务指标变化及管理层讨论与分析

（一）主要财务指标及定向增资后的变化

诺思兰德本次定向增资非公开发行股份189.20万股，增资价格为每股人民币21.00元，募集资金3973.20万元。定向增资对公司财务状况、盈利能力及现金流量的影响分析如下：

公司最近一年一期主要财务指标（略）。

（二）管理层讨论与分析

1. 财务状况分析

公司资产结构如下：(略)。

公司流动资产具体构成如下：(略)。

公司盈利状况如下所示：(略)。

截至2010年6月30日，公司资产总额18383349.76元，比上年度期末增加70.16%。其中，货币资金期末余额5260212.08元，比上年度期末增加389.81%，货币资金变动原因主要为本期收到财政拨付的项目专项补贴资金7760000.00元；存货期末余额6174285.72元，比上年度期末增加40.65%。存货增长幅度较大的主要原因是，本期新增的财政补贴项目的相关支出及原有项目的相关支出形成存货增加。公司预付账款较上年度期末增加152.45%，主要为公司本期新增的财政补贴项目对应发生的预付费用。

公司主营业务收入主要为技术转让收入及专利技术实施许可收入等，在同时满足与交易相关的经济利益能够流入本企业、收入金额能够可靠地计量等条件下，收入确认依据已签订的有关转让合同或协议中约定的收费时间或方法计算确定，按合同约定的项目的不同阶段确认各期收入。公司各个项目不同的开发阶段发生的开发成本等各项支出先在存货科目中分项目、分阶段进行归集，依据收入确认原则在按照各项目收入合同约定的期间确认当期收入的同时结转应计入当期的营业成本。公司2010年上半年未实现营业收入，存货周转率和应收账款周转率均为0。下半年公司依据前期签订的技术转让合同实现营业收入，存货周转率和应收账款周转率较2009年有所提高。

2. 偿债能力分析

从偿债指标来看，公司的长、短期偿债能力较强。公司2009年末及2010年6月末流动比率分别为37.19和21.38，速动比率分别为15.17和12.30，资产负债率分别为10.46%和51.24%。公司本期资产负债率增幅较大，主要由于专项应付款增加较多，公司本期收到国家"十一五"重大专项课题3个项目的专项补贴资金7760000.00元。

从公司资产负债结构来分析，截至2010年6月30日，公司的货币资金较为充裕，占流动资产和总资产的比例分别为36.16%和28.61%，偿债风险较小。

3. 盈利能力分析

公司2006年至2008年8月成功地向国外3家公司以专利许可或技术转让等方式销售了"重组人改构白介素—11"、"重组人胸腺素α1"和"重组人胸腺素β4"三个项目的区域性开发权，扭转研发型企业一般亏

损的局面，并很好地维持了新药研发。公司2010年上半年亏损，加权平均净资产收益率与每股收益较2009年有所降低，这与公司目前的经营模式以及所处研发阶段有关。

公司目前的经营模式是：研发十技术转让、专利许可模式。公司积极开拓国际市场，针对国外进行项目、产品的技术转让或专利许可，是公司目前采取的主要营运模式。根据项目的投入产出比，在保留公司目标市场的前提下，有选择性地开展在研项目的技术转让、专利许可，形成公司的主要收入来源，以转让项目的现金收入保证公司近期项目筛选、持续研发所需的资金，以转让项目的销售提成收入提高公司的远期收益。同时，通过向国外项目转让的方式，充分利用国外的资源，在多个国家同时开发同一个项目，不但扩大了产品的市场，还可规避不同国家新药审批的政策性风险。公司目前的经营模式使得公司的营业收入具有不均衡性。公司期间费用主要是管理费用。管理费用主要是为公司研发活动而发生的间接费用如差旅费和员工薪酬等，报告期内基本保持稳定。由于公司目前主要经济活动是研发，人员精干，一人兼数岗，有些费用的发生很难清晰地区分为开发成本或是期间费用，公司出于稳健性原则，将不易区分的费用均作为管理费用进行核算，计入当期损益，故公司每年管理费用较大。

公司2010年下半年依据同韩国Viromed Co. Ltd签订的技术转让合同取得营业收入253.40万元；另外，根据公司与韩国Biotoxtech CO.，LTD签订的技术转让合同，公司于2010年12月收到103.00万元。2011年，公司依据同韩国Viromed Co. Ltd签订的技术转让合同将实现373.80万元的营业收入，依据同韩国Biotoxtech签订的技术转让合同将实现137.00万元的营业收入，公司已与韩国HUONS公司以及韩国日东公司签订了项目合作意向，预计将于2011年给公司带来一定的收入。随着时间的推移，公司的技术储备会越来越厚实，盈利能力会不断提高。

4. 现金流量分析（略）

2010年1～6月公司经营活动产生的现金流量净额高于公司同期利

润水平，主要为公司执行国家“十一五”重大创制新药专项项目获取财政拨款所致。虽然在一定时期内经营活动现金流状况与同期净利润水平不完全匹配，但并不会对公司长期的收益质量构成实质影响。2010年1～6月公司筹资活动现金流量净额为492942.12元，主要是银行短期借款。

十、定向增资股份的登记限售情况

本次定向增资新增股份于2011年2月21日在中国证券登记结算有限公司深圳分公司进行股份登记。定向增资新增股份均为货币出资，锁定期为12个月，新增股份自股份登记日起12个月内不得转让，锁定期满后，公司董事、监事、高级管理人员及实际控制人所持新增股份按照《中华人民共和国公司法》及其他相关规定进行转让，其余新增股份可以一次性进入代办股份转让系统进行股份报价转让。

北京诺思兰德生物技术股份有限公司
2011年2月22日

10.2 公司转板

10.2.1 转板的基本情况

挂牌公司转板是指在新三板挂牌的公司，在符合上市的条件后，按照《公司法》、《证券法》以及中国证监会及深圳证券交易所的相关规定，转到创业板或中小板上市。

据媒体报道[①]，目前，新三板挂牌企业中的久其软件已在中小板上市，北陆药业、世纪瑞尔已在创业板上市。挂牌企业报表数据显示，目前共有37家企业符合创业板上市财务要求，已有13家公司就发行股票

① 尹振茂：《新三板5年定向增资逾11亿 去年占比过半》，《证券时报》，2011年2月25日。

并申请在创业板上市事宜召开董事会以及股东大会，其中9家公司的申请已获证监会正式受理。代办系统已逐步成为非上市股份公司股权顺畅流转的平台、创投与股权私募基金的聚集中心、多层次资本市场上市资源的“孵化器”和“蓄水池”。

挂牌公司申请公开发行股票并上市，应按照《试点办法》、《信息披露规则》的要求，及时披露相关信息。

10.2.2 久其软件：转板中小板第一股

2009年8月11日，久其软件在中小板成功上市，成为新三板挂牌公司中转板中小板的第一股。

根据久其软件公开披露的《招股说明书》、《首次公开发行A股发行公告》、《上市公告书》等公开信息显示，久其软件登陆中小板的情况如下。

（1）公司基本情况

A. 中文名称：北京久其软件股份有限公司。

英文名称：Beijing Join－Cheer Software Co.，Ltd.。

B. 法定代表人：赵福君。

C. 注册资本：4574.0037万元（发行前）；6104.0037万元（发行后）。

D. 成立日期：2001年12月18日。

E. 住所及邮政编码：北京市海淀区大慧寺路5号3号楼3层；100081。

F. 经营范围：互联网信息服务业务；技术进出口、贸易进出口、代理进出口；法律、行政法规、国务院决定禁止的，不得经营；法律、行政法规、国务院决定规定应经许可的，经审批机关批准并经工商行政管理机关登记注册后方可经营；法律、行政法规、国务院决定未规定许可的，自主选择经营项目开展经营活动。

G. 所属行业：G87计算机应用服务业。

（2）股份公司的设立

久其软件是经北京市人民政府经济体制改革办公室《关于同意北京久其北方软件技术有限公司变更为北京久其软件股份有限公司的通知》（京政体改股函〔2001〕65号）批准，由原北京久其北方软件技术有限公司以2001年11月30日经审计的净资产按照1∶1比例折股，整体变更设立的股份有限公司。2001年12月18日，公司在北京市工商行政管理局注册登记，注册资本为4574.0037万元。

（3）高新技术企业资格

公司是根据科技部、财政部、国家税务总局《高新技术企业认定管理办法》（国科发火〔2008〕172号）和《高新技术企业认定管理工作指引》（国科发火〔2008〕362号）的相关规定认定的高新技术企业。报告期内连续被国家发改委、工业和信息化部（原信息产业部）、商务部、国家税务总局认定为国家规划布局内重点软件企业。公司主要从事报表管理软件、电子政务软件、ERP软件、商业智能软件等管理软件的研究和开发，为政府部门、企事业单位提供财务决算、统计及决策分析、财务业务一体化管理、全面预算管理、合并报表、关联交易核对、资产管理等相关方面的解决方案。

（4）在新三板挂牌与交易情况

①挂牌情况

2006年9月7日，根据中国证券业协会《证券公司代办股份转让系统中关村科技园区非上市股份有限公司股份报价转让试点办法》有关规定和备案确认函（中证协函〔2006〕260号），公司经由申银万国证券股份有限公司推荐，进入代办股份转让系统挂牌报价转让，股份代码为430007，股份简称为久其软件。

②股份交易情况

2006年9月7日，公司经由申银万国证券股份有限公司推荐，进入代办股份转让系统挂牌报价转让，股份代码为430007，股份简称为久其软件。根据公司的申请并经申银万国证券股份有限公司核准同意及中国证券业协会备案确认，公司股份自2008年1月28日起暂停在代办股份转让系统的报价转让交易。

A. 2006年9月7日至2006年12月31日的交易情况。自2006年9月7日至2006年12月31日期间内，公司股份在代办股份转让系统挂牌报价共交易48笔，交易股数共计2160000股。

B. 2007年1月1日至2007年6月30日的交易情况。自2007年1月1日至2007年2月16日，公司股份在代办股份转让系统挂牌报价共交易79笔，交易股数共计3620000股。2007年2月17日至2007年4月3日，公司股份未发生交易。经公司申请，公司股份自2007年4月4日起暂停报价转让。

C. 2007年7月1日至2007年12月31日的交易情况。2007年7月1日至2007年8月1日，公司股份处于暂停报价转让期间。经公司申请，公司股份自2007年8月2日起恢复报价转让。自2007年8月2日至2007年12月31日期间内，公司股份在代办股份转让系统共交易26笔，交易股数共1250000股。

D. 2008年1月1日至本次暂停报价转让交易之日的交易情况。自2008年1月1日至2008年1月28日（本次暂停报价转让交易之日）期间内，公司股份在代办股份转让系统共交易2笔，交易股数共80000股。

（5）股票发行的基本情况

①股票种类

首次公开发行的股票为境内上市人民币普通股（A股），每股面值1.00元。

②发行数量

本次发行数量为1530万股，其中网下发行数量为306万股，网上发行数量为1224万股。

③发行价格

通过初步询价确定本次发行价格为27.00元/股，此价格对应的市盈率为：

A. 36.14 倍（每股收益按照 2008 年度经会计师事务所审计的扣除非经常性损益前后孰低的净利润除以本次发行后总股本计算）；

B. 27.08 倍（每股收益按照 2008 年度经会计师事务所审计的扣除非经常性损益前后孰低的净利润除以本次发行前总股本计算）。

（6）公司股票上市概况

A. 上市地点：深圳证券交易所。

B. 上市时间：2009 年 8 月 11 日。

C. 股票简称：久其软件。

D. 股票代码：002279。

E. 首次公开发行后总股本：61040037 股。

F. 首次公开发行股票增加的股份：15300000 股。

10.2.3 北陆药业：转板创业板第一股

2009 年 10 月 30 日，北陆药业在创业板成功上市，成为新三板挂牌公司中转板创业板的第一股。

根据北陆药业公开披露的《招股说明书》、《首次公开发行 A 股发行公告》、《上市公告书》等公开信息显示，北陆药业登陆创业板的情况如下：

（1）公司基本情况

A. 中文名称：北京北陆药业股份有限公司。

B. 英文名称：Beijing Beilu Pharmaceutical Co.，Ltd.。

C. 注册资本：50888491 元（发行前）；67888491 元（发行后）。

D. 法定代表人：王代雪。

E. 成立日期：1992 年 9 月 5 日。

F. 住所及邮政编码：北京市昌平区科技园区白浮泉路 10 号，邮编 100083。

G. 经营范围：生产、销售片剂、颗粒剂、胶囊剂、小容量注射剂、大容量注射剂、原料药（钆喷酸葡胺、碘海醇、格列美脲）。

H. 主营业务：药品生产及药品经销。

I. 所属行业：医药制造业。

（2）股份公司的设立

公司是由原北京北陆药业有限公司依法整体变更设立的。根据2000年12月27日公司第二届股东会第二次临时会议决议，北京北陆药业有限公司依法整体变更为北京北陆药业股份有限公司，变更基准日为2000年9月30日，以变更基准日经审计净资产38388492.72元折为3838.8491万股，每股面值1元，余额1.72元作为资本公积金。京都会计师事务所以北京京都验字（2001）第0010号《验资报告》对公司的3838.8491万元人民币注册资本进行了验证。变更后的北京北陆药业股份有限公司于2001年2月8日领取了企业法人营业执照，注册号为1100001422250。

（3）在新三板挂牌情况

2006年8月28日，根据中国证券业协会《试点办法》有关规定和备案确认函（中证协函〔2006〕234号），同意公司进入深圳证券交易所代办股份转让系统挂牌报价转让，股份代码为430006，股份简称为“北陆药业”。

自挂牌以来，公司共完成1笔股份转让交易，共执行定期报告、临时公告、会议通知等信息披露43次。公司挂牌以来，一直规范运作，不断完善公司治理，严格履行信息披露义务。根据2008年3月13日公司2007年度股东大会通过的《北京北陆药业股份有限公司定向增资方案》，公司向盈富泰克及其他6名自然人定向增发1250万股的股份。此次定向增发完成后，公司股本总额为5088.8491万元。

（4）股票发行的基本情况

①股票种类

首次公开发行的股票为境内上市人民币普通股（A股），每股面值人民币1.00元。

②发行数量和发行结构

本次发行股份数量为1700万股。其中，网下发行数量为340万股，占本次发行数量的20%；网上发行数量为本次最终发行数量减去网下最终发行数量。

③发行价格

本次发行的发行价格为17.86元/股。此发行价格对应的市盈率为：

A. 35.90倍（每股收益按照经会计师事务所遵照中国会计准则审核的扣除非经常性损益前后孰低的2008年归属于母公司净利润除以本次发行前的总股数计算）；

B. 47.89倍（每股收益按照经会计师事务所遵照中国会计准则审核的扣除非经常性损益前后孰低的2008年归属于母公司净利润除以本次发行后的总股数计算，发行后总股数按本次发行1700万股计算）；

C. 27.85倍（每股收益按照经会计师事务所遵照中国会计准则审核的盈利预测报告的扣除非经常性损益前后孰低的2009年归属于母公司净利润除以本次发行前的总股数计算）；

D. 37.16倍（每股收益按照经会计师事务所遵照中国会计准则审核的盈利预测报告的扣除非经常性损益前后孰低的2009年归属于母公司净利润除以本次发行后的总股数计算，发行后总股数按本次发行1700万股计算）；

E. 初步询价报价不低于本次发行价格的所有有效报价对应的累计拟申购数量之和为18560万股，超额认购倍数为54.59倍。

（5）公司股票上市概况

A. 上市地点：深圳证券交易所。

B. 上市时间：2009年10月30日。

C. 股票简称：北陆药业。

D. 股票代码：300016。

E. 首次公开发行后总股本：67888491股。

F. 首次公开发行股票增加的股份：17000000股。

10.2.4 世纪瑞尔：新三板挂牌第一股

2006 年 1 月 23 日，公司进入代办股份转让系统挂牌报价转让，股份代码为 430001，股份简称为“世纪瑞尔”，成为新三板挂牌第一股。

2010 年 12 月 22 日，世纪瑞尔继北陆药业之后在创业板成功上市，成为新三板挂牌公司中转板创业板的第二股。

根据世纪瑞尔公开披露的《招股说明书》、《首次公开发行 A 股发行公告》、《上市公告书》等公开信息显示，世纪瑞尔登陆创业板的情况如下：

（1）公司基本情况

A. 中文名称：北京世纪瑞尔技术股份有限公司。

英文名称：Beijing Century Real Technology Co.，Ltd.。

B. 注册资本：人民币 10000 万元（发行前），人民币 13500 万元（发行后）。

C. 法定代表人：牛俊杰。

D. 成立日期：1999 年 5 月 3 日。

E. 公司住所：北京市海淀区上地信息路 22 号上地科技综合楼 B 座九、十层。

F. 经营范围：许可经营项目：无；一般经营项目：技术进出口、代理进出口、货物进出口；法律、行政法规、国务院决定禁止的，不得经营；法律、行政法规、国务院决定规定应经许可的，经审批机关批准并经工商行政管理机关登记注册后方可经营；法律、行政法规、国务院决定未规定许可的，自主选择经营项目开展经营活动。

G. 主营业务：包括铁路综合视频监控系统、铁路防灾安全监控系统、铁路综合监控系统平台、铁路通信监控系统等，以及相关系统集成、技术培训、技术咨询、技术支持服务。

H. 所属行业：G87 计算机应用服务业。

（2）股份公司的设立

公司是由瑞尔有限依法整体变更设立。2001 年 3 月 3 日，瑞尔有限2001年度第二次股东会决议以2000年12月31日经审计的净资产折股，整体变更设立股份有限公司。2001年3月29日，北京市人民政府经济体制改革办公室出具京政体改股函〔2001〕24号文《关于同意北京世纪瑞尔技术有限公司变更为北京世纪瑞尔技术股份有限公司的通知》，批准瑞尔有限以2000年12月31日经审计的净资产2500万元按1∶1的比例折股，整体变更设立为世纪瑞尔。2001年4月10日，北京兴华会计师事务所有限责任公司出具〔2001〕京会兴字第177号《验资报告》，对整体变更设立的股份有限公司的注册资本进行了验证。2001年4月16日，北京世纪瑞尔取得北京市工商行政管理局颁发的《企业法人营业执照》(注册号为1100002033353)。

(3) 高新技术企业资格

公司的主要产品应用于铁路行车安全监控领域，主要产品［如铁路综合视频监控系统、铁路防灾安全监控系统、铁路综合监控系统平台(含通信监控)］在整个铁路市场拥有优势地位，市场份额处于领先地位。公司2002年11月取得北京市软件企业认证，2003年3月成为POWER Link工业以太网国际标准组织会员单位，并于同年12月取得ISO9001国际质量体系认证和美国CMM Level3认证，公司具备安防工程企业一级资质和计算机信息系统集成二级资质，是北京市高新技术企业、海淀区创新企业和中关村高新技术企业。

(4) 在新三板挂牌与交易情况

①挂牌情况

2006年1月23日，根据中国证券业协会《试点办法》有关规定和备案确认函(中证协函〔2006〕7号)，公司进入代办股份转让系统挂牌报价转让，股份代码为430001，股份简称为“世纪瑞尔”。

②股份交易情况

2006年1月23日，股份公司经申银万国证券股份有限公司推荐，进入代办股份转让系统挂牌报价转让，股份代码为430001，股份简称为世纪瑞尔。股份公司在代办股份转让系统的股份交易情况详见表

10—1。

表 10—1　世纪瑞尔挂牌股份交易情况

（单位：元、股）

期间	成交笔数	成交数量	成交金额	平均成交价	成交价格区间
2006.01.23—2006.12.17	155	12320000	59666292	4.84	3.23～5.28
2006.12.18—2007.11.25	暂停交易				
2007.11.25—2007.12.31	3	100000	840000	8.40	8.00～9.00
2008.01.01—2008.12.31	33	1515000	13504500	8.91	5.30～9.60
2009.01.01—2009.12.31	64	3780200	24827720	6.57	1.00～11.00
2010.01.01—2010.06.01	52	3568880	51632304	14.47	1.00～29.80
2010.06.02—公开发行股票审核结果确定之日	暂停交易				

（5）股票发行的基本情况

①股票种类

首次公开发行的股票为境内上市人民币普通股（A 股），每股面值人民币 1.00 元。

②发行数量和发行结构

本次发行股份数量为不超过 3500 万股。其中，网下发行数量为 693 万股，占本次发行数量的 19.80%；网上发行数量为本次最终发行数量减去网下最终发行数量。

③发行价格

本次发行的发行价格为 32.99 元/股。此发行价格对应的市盈率为：

A. 77.99 倍（每股收益按照经会计师事务所遵照中国会计准则审核的扣除非经常性损益前后孰低的 2009 年净利润除以本次发行前的总股数计算）。

B. 105.40 倍（每股收益按照经会计师事务所遵照中国会计准则审核的扣除非经常性损益前后孰低的 2009 年净利润除以本次发行后的总股数计算，发行后总股数按本次发行 3500 万股计算）。

C. 初步询价报价不低于本次发行价格的所有有效报价对应的累计

拟申购数量之和为 63833 万股，超额认购倍数为 92.11 倍。

(6) 公司股票上市概况

A. 上市地点：深圳证券交易所。

B. 上市时间：2010 年 12 月 22 日。

C. 股票简称：世纪瑞尔。

D. 股票代码：300150。

E. 首次公开发行后总股本：13500 万股。

F. 首次公开发行股票增加的股份：3500 万股。

附录　股份报价转让试点办法

证券公司代办股份转让系统中关村科技园区非上市股份有限公司股份报价转让试点办法（暂行）

目录

第七章　违规处理

第八章　附则

第一章　总则

第一条　为规范中关村科技园区非上市股份有限公司（以下简称非上市公司）股份进入证券公司代办股份转让系统（以下简称代办系统）报价转让试点工作，根据《中华人民共和国公司法》、《中华人民共和国证券法》等法律、法规的规定，制定本办法。

第二条　证券公司从事推荐非上市公司股份进入代办系统报价转让，代理投资者参与在代办系统挂牌的非上市公司股份的报价转让（以下简称报价转让业务），适用本办法。

第三条　参与股份报价转让试点的非上市公司、证券公司、投资者等应当遵循自愿、有偿、诚实信用原则，遵守本办法及有关业务规则的规定。

第四条　证券公司从事非上市公司股份报价转让业务，应勤勉尽责地履行职责。

第五条　证券公司应督促挂牌公司按照中国证券业协会（以下简称协会）规定的信息披露要求履行信息披露义务。

挂牌公司可自愿进行更为充分的信息披露。

第六条　参与挂牌公司股份报价转让的投资者，应当具备相应的风险识别和承担能力，可以是下列人员或机构：

（一）机构投资者，包括法人、信托、合伙企业等；

（二）公司挂牌前的自然人股东；

（三）通过定向增资或股权激励持有公司股份的自然人股东；

（四）因继承或司法裁决等原因持有公司股份的自然人股东；

（五）协会认定的其他投资者。

挂牌公司自然人股东只能买卖其持股公司的股份。

第七条　协会依法履行自律性管理职责，对证券公司从事报价转让业务进行自律管理。

第八条　本办法下列用语的含义为：

“主办券商”是指取得协会授予的代办系统主办券商业务资格的证券公司。

“推荐主办券商”是指推荐非上市公司股份进入代办系统挂牌，并负责指导、督促其履行信息披露义务的主办券商。

“挂牌公司”是指股份在代办系统挂牌报价转让的非上市公司。

“报价系统”是指深圳证券交易所提供的代办系统中专门用于为非上市公司股份提供报价和转让服务的技术设施。

第二章　股份挂牌

第九条　非上市公司申请股份在代办系统挂牌，须具备以下条件：

（一）存续满两年。有限责任公司按原账面净资产值折股整体变更为股份有限公司的，存续期间可以从有限责任公司成立之日起计算。

（二）主营业务突出，具有持续经营能力。

（三）公司治理结构健全，运作规范。

（四）股份发行和转让行为合法合规。

（五）取得北京市人民政府出具的非上市公司股份报价转让试点资格确认函。

（六）协会要求的其他条件。

第十条　非上市公司申请股份在代办系统挂牌，须委托一家主办券商作为其推荐主办券商，向协会进行推荐。

申请股份挂牌的非上市公司应与推荐主办券商签订推荐挂牌协议。

第十一条　推荐主办券商应对申请股份挂牌的非上市公司进行尽职调查，同意推荐挂牌的，出具推荐报告，并向协会报送推荐挂牌备案文件。

第十二条　协会对推荐挂牌备案文件无异议的，自受理之日起50个工作日内向推荐主办券商出具备案确认函。

第十三条　推荐主办券商取得协会备案确认函后，应督促非上市公司在股份挂牌前与证券登记结算机构签订证券登记服务协议，办理全部

股份的集中登记。

证券登记结算机构是指中国证券登记结算有限责任公司。

第十四条　投资者持有的非上市公司股份应当托管在主办券商处。初始登记的股份，托管在推荐主办券商处。

主办券商应将其所托管的非上市公司股份存管在证券登记结算机构。

第十五条　非上市公司控股股东及实际控制人挂牌前直接或间接持有的股份分三批进入代办系统转让，每批进入的数量均为其所持股份的1/3。进入的时间分别为挂牌之日、挂牌期满一年和两年。

控股股东和实际控制人依照《中华人民共和国公司法》的规定认定。

第十六条　挂牌前12个月内控股股东及实际控制人直接或间接持有的股份进行过转让的，该股份的管理适用前条的规定。

第十七条　挂牌前12个月内挂牌公司进行过增资的，货币出资新增股份自工商变更登记之日起满12个月可进入代办系统转让，非货币财产出资新增股份自工商变更登记之日起满24个月可进入代办系统转让。

第十八条　因司法裁决、继承等原因导致有限售期的股份发生转移的，后续持有人仍需遵守前述规定。

第十九条　股份解除转让限制进入代办系统转让，应由挂牌公司向推荐主办券商提出申请。经推荐主办券商审核同意后，报协会备案。协会备案确认后，通知证券登记结算机构办理解除限售登记。

第二十条　挂牌公司董事、监事、高级管理人员所持本公司股份按《中华人民共和国公司法》的有关规定应当进行或解除转让限制的，应由挂牌公司向推荐主办券商提出申请，推荐主办券商审核同意后，报协会备案。协会备案确认后，通知证券登记结算机构办理相关手续。

第三章　股份转让

第一节　一般规定

第二十一条　挂牌公司股份必须通过代办系统转让，法律、行政法规另有规定的除外。

第二十二条　投资者买卖挂牌公司股份，应持有中国证券登记结算有限责任公司深圳分公司人民币普通股票账户。

第二十三条　投资者买卖挂牌公司股份，须委托主办券商办理。

投资者卖出股份，须委托代理其买入该股份的主办券商办理。如需委托另一家主办券商卖出该股份，须办理股份转托管手续。

第二十四条　挂牌公司股份转让时间为每周一至周五上午 9：30 至 11：30，下午 13：00 至 15：00。

遇法定节假日和其他特殊情况，暂停转让。

第二十五条　投资者买卖挂牌公司股份，应按照规定交纳相关税费。

第二节　委托

第二十六条　投资者买卖挂牌公司股份，应与主办券商签订代理报价转让协议。

第二十七条　投资者委托分为意向委托、定价委托和成交确认委托。委托当日有效。

意向委托是指投资者委托主办券商按其指定价格和数量买卖股份的意向指令，意向委托不具有成交功能。

定价委托是指投资者委托主办券商按其指定的价格买卖不超过其指定数量股份的指令。

成交确认委托是指投资者买卖双方达成成交协议，或投资者拟与定价委托成交，委托主办券商以指定价格和数量与指定对手方确认成交的指令。

第二十八条　意向委托、定价委托和成交确认委托均可撤销，但已

经报价系统确认成交的委托不得撤销或变更。

第二十九条　意向委托和定价委托应注明证券名称、证券代码、证券账户、买卖方向、买卖价格、买卖数量、联系方式等内容。

成交确认委托应注明证券名称、证券代码、证券账户、买卖方向、成交价格、成交数量、拟成交对手的主办券商等内容。

第三十条　委托的股份数量以“股”为单位，每笔委托股份数量应为3万股以上。

投资者证券账户某一股份余额不足3万股的，只能一次性委托卖出。

第三十一条　股份的报价单位为“每股价格”。报价最小变动单位为0.01元。

第三节　申报

第三十二条　主办券商应通过专用通道，按接受投资者委托的时间先后顺序向报价系统申报。

第三十三条　主办券商收到投资者卖出股份的意向委托后，应验证其证券账户，如股份余额不足，不得向报价系统申报。

主办券商收到投资者定价委托和成交确认委托后，应验证卖方证券账户和买方资金账户，如果卖方股份余额不足或买方资金余额不足，不得向报价系统申报。

第三十四条　主办券商应按有关规定保管委托、申报记录和凭证。

第四节　成交

第三十五条　投资者达成转让意向后，可各自委托主办券商进行成交确认申报。

投资者拟与定价委托成交的，可委托主办券商进行成交确认申报。

第三十六条　报价系统收到主办券商的定价申报和成交确认申报后，验证卖方证券账户。如果卖方股份余额不足，报价系统不接受该笔申报，并反馈至主办券商。

第三十七条　报价系统收到拟与定价申报成交的成交确认申报后，

如系统中无对应的定价申报，该成交确认申报以撤单处理。

第三十八条　报价系统对通过验证的成交确认申报和定价申报信息进行匹配核对。核对无误的，报价系统予以确认成交，并向证券登记结算机构发送成交确认结果。

第三十九条　多笔成交确认申报与一笔定价申报匹配的，按时间优先的原则匹配成交。

第四十条　成交确认申报与定价申报可以部分成交。

成交确认申报股份数量小于定价申报的，以成交确认申报的股份数量为成交股份数量。定价申报未成交股份数量不小于3万股的，该定价申报继续有效；小于3万股的，以撤单处理。

成交确认申报股份数量大于定价申报的，以定价申报的股份数量为成交股份数量。成交确认申报未成交部分以撤单处理。

第五节　结算

第四十一条　主办券商参与非上市公司股份报价转让业务，应取得证券登记结算机构的结算参与人资格。

第四十二条　股份和资金的结算实行分级结算原则。证券登记结算机构根据成交确认结果办理主办券商之间股份和资金的清算交收；主办券商负责办理其与客户之间的清算交收。

主办券商与客户之间的股份划付，应当委托证券登记结算机构办理。

第四十三条　证券登记结算机构按照货银对付的原则，为非上市公司股份报价转让提供逐笔全额非担保交收服务。

第四十四条　证券登记结算机构在每个报价日终根据报价系统成交确认结果，进行主办券商之间股份和资金的逐笔清算，并将清算结果发送各主办券商。

第四十五条　主办券商应根据清算结果在最终交收时点之前向证券登记结算机构划付用于交收的足额资金。

第四十六条　证券登记结算机构办理股份和资金的交收，并将交收结果反馈给主办券商。

由于股份或资金余额不足导致的交收失败，证券登记结算机构不承担法律责任。

第四十七条　投资者因司法裁决、继承等特殊原因需要办理股份过户的，依照证券登记结算机构的规定办理。

第六节　报价和成交信息发布

第四十八条　股份转让时间内，报价系统通过专门网站和代办股份转让行情系统发布最新的报价和成交信息。

主办券商应在营业网点揭示报价和成交信息。

第四十九条　报价信息包括：委托类别、证券名称、证券代码、主办券商、买卖方向、拟买卖价格、股份数量、联系方式等。

成交信息包括：证券名称、证券代码、成交价格、成交数量、买方代理主办券商和卖方代理主办券商等。

第七节　暂停和恢复转让

第五十条　挂牌公司向中国证券监督管理委员会申请公开发行股票并上市的，主办券商应当自中国证券监督管理委员会正式受理其申请材料的次一报价日起暂停其股份转让，直至股票发行审核结果公告日。

第五十一条　挂牌公司涉及无先例或存在不确定性因素的重大事项需要暂停股份报价转让的，主办券商应暂停其股份报价转让，直至重大事项获得有关许可或不确定性因素消除。

因重大事项暂停股份报价转让时间不得超过3个月。暂停期间，挂牌公司至少应每月披露一次重大事项的进展情况、未能恢复股份报价转让的原因及预计恢复股份报价转让的时间。

第八节　终止挂牌

第五十二条　挂牌公司出现下列情形之一的，应终止其股份挂牌：

（一）进入破产清算程序；

（二）中国证券监督管理委员会核准其公开发行股票申请；

（三）北京市人民政府有关部门同意其终止股份挂牌申请；

（四）协会规定的其他情形。

第四章 主办券商

第五十三条 证券公司从事非上市公司股份报价转让业务，应取得协会授予的代办系统主办券商业务资格。

第五十四条 证券公司申请代办系统主办券商业务资格，应满足下列条件：

（一）最近年度净资产不低于人民币8亿元，净资本不低于人民币5亿元；

（二）具有不少于15家营业部；

（三）协会规定的其他条件。

第五十五条 主办券商推荐非上市公司股份挂牌，应勤勉尽责地进行尽职调查和内核，认真编制推荐挂牌备案文件，并承担推荐责任。

第五十六条 主办券商应持续督导所推荐挂牌公司规范履行信息披露义务、完善公司治理结构。

第五十七条 主办券商发现所推荐挂牌公司及其董事、监事、高级管理人员存在违法、违规行为的，应及时报告协会。

第五十八条 主办券商与投资者签署代理报价转让协议时，应对投资者身份进行核查，充分了解其财务状况和投资需求。对不符合本办法第六条规定的投资者，不得与其签署代理报价转让协议。

主办券商在与投资者签署代理报价转让协议前，应着重向投资者说明投资风险自担的原则，提醒投资者特别关注非上市公司股份的投资风险，详细讲解风险揭示书的内容，并要求投资者认真阅读和签署风险揭示书。

第五十九条 主办券商应采取适当方式持续向投资者揭示非上市公司股份投资风险。

第六十条 主办券商应依照本办法第六条的规定，对自然人投资者参与非上市公司股份转让的合规性进行核查，防止其违规参与挂牌公司股份的转让。一旦发现自然人投资者违规买入挂牌公司股份的，应督促其及时卖出。

第六十一条 主办券商应特别关注投资者的投资行为，发现投资者

存在异常投资行为或违规行为的，及时予以警示，必要时可以拒绝投资者的委托或终止代理报价转让协议。

主办券商应根据协会的要求，调查或协助调查指定事项，并将调查结果及时报告协会。

第五章　信息披露

第六十二条　挂牌公司应按照本办法及协会相关信息披露业务规则、通知等的规定，规范履行信息披露义务。

第六十三条　挂牌公司及其董事、信息披露责任人应保证信息披露内容的真实、准确、完整，不存在虚假记载、误导性陈述或重大遗漏。

第六十四条　股份挂牌前，非上市公司至少应当披露股份报价转让说明书。股份挂牌后，挂牌公司至少应当披露年度报告、半年度报告和临时报告。

第六十五条　挂牌公司披露的财务信息至少应当包括资产负债表、利润表、现金流量表以及主要项目的附注。

第六十六条　挂牌公司披露的年度财务报告应当经会计师事务所审计。

第六十七条　挂牌公司未在规定期限内披露年度报告或连续三年亏损的，实行特别处理。

第六十八条　挂牌公司有限售期的股份解除转让限制前一报价日，挂牌公司须发布股份解除转让限制公告。

第六十九条　挂牌公司可参照上市公司信息披露标准，自愿进行更为充分的信息披露。

第七十条　挂牌公司披露的信息应当通过专门网站发布，在其他媒体披露信息的时间不得早于专门网站的披露时间。

第六章　其他事项

第七十一条　挂牌公司申请公开发行股票并上市的，应按照证券法的规定，报中国证券监督管理委员会核准。

第七十二条　挂牌公司可以向特定投资者进行定向增资，具体规则由协会另行制定。

第七十三条　挂牌公司控股股东、实际控制人发生变化时，其推荐主办券商应及时向协会报告。

第七十四条　挂牌公司发生重大资产重组、并购等事项时，应由主办券商进行督导并报协会备案。

第七章　违规处理

第七十五条　主办券商违反本办法的规定，协会责令其改正，视情节轻重予以以下处理，并记入证券公司诚信信息管理系统：

（一）谈话提醒；

（二）通报批评；

（三）暂停受理其推荐挂牌备案文件。

第七十六条　主办券商的相关业务人员违反本办法的规定，协会责令其改正，视情节轻重予以以下处理，并记入证券从业人员诚信信息管理系统：

（一）谈话提醒；

（二）通报批评；

（三）暂停从事报价转让业务；

（四）认定其不适合任职；

（五）责令所在公司给予处分。

第七十七条　主办券商及其相关业务人员开展业务，存在违反法律、法规行为的，协会将建议中国证券监督管理委员会或其他机关依法查处；构成犯罪的，依法追究刑事责任。

第八章　附则

第七十八条　本办法由协会负责解释。

第七十九条　本办法经中国证券监督管理委员会批准后生效，自2009年7月6日起施行。